| 십진법숫자 | 코드표 |
|---|---|
| 1 | ⬜⬜⬜🟥 |
| 2 | ⬜⬜🟥⬜ |
| 3 | ⬜⬜🟥🟥 |
| 4 | ⬜🟥⬜⬜ |
| 5 | ⬜🟥⬜🟥 |
| 6 | ⬜🟥🟥⬜ |
| 7 | ⬜🟥🟥🟥 |
| 8 | 🟥⬜⬜⬜ |
| 9 | 🟥⬜⬜🟥 |
| 10 | 🟥⬜🟥⬜ |
| 11 | 🟥⬜🟥🟥 |
| 12 | 🟥🟥⬜⬜ |
| 13 | 🟥🟥⬜🟥 |
| 14 | 🟥🟥🟥⬜ |
| 15 | 🟥🟥🟥🟥 |

**언플러그드 코딩 교육**은 뉴질랜드 팀 벨 교수의 프로젝트에서 나온 코딩교육 방법입니다.

컴퓨터를 사용하지 않은 상태에서 코딩의 기초 개념을 놀이를 통해서 학습하고 이해하면서 컴퓨팅적 사고력을 향상시키기 위한 것입니다.

이 책에서는 좀 더 이진법을 카운팅하고 셈 할 수 있도록 숫자의 기능성을 강조하여 기술하였습니다.

**컴퓨터 과학의 원리는 이진법입니다.**

코딩수 다른 이름 코드 I    초등 이진법편

출판사 정 태 수

## 책을 여는 관점에서 드리는 글

중고등학교 교육은 학습방향을 제시하는 것입니다.
초등학교 교육은 사고의 시작, 출발점을 제시하는 것입니다.

처음부터 10진법만 제시한다면 아이들의 사고는 10진법의 틀 속에 고립되어진 사고를 시작 할 것입니다.
숫자를 처음 접할 때 진법을 여러 가지 배울 수 있다면 스스로 각 진법을 비교하면서 학습하고 사고 할 수 있습니다.
하지만 현 교수법으로는 불가능한 것이 사실입니다.
진법을 10진법에서 해석하고 있기 때문입니다. 그래서 수학적 이론을 토대로 진법 변환을 이용하여 학습하기 때문에 미취학 아동들은 학습할 수가 없습니다. 단지 초등학교 영재 교육 프로그램에서 초등학교 고학년이 되었을 때 학습하고 있는 것이 현실입니다.
그러면 진법교육의 시기가 지나 버리기 때문에 학습 효과가 없습니다.
진법교육은 시기가 빠르면 빠를수록 큰 효과를 얻을 수 있습니다.

진법은 숫자를 표현한 표기법에 불과합니다.
청소년들이나 성인들은 10진법 사고에 익숙하여서 다른 진법을 학습하기 위해서는 수학 이론으로 학습해야 되지만, 초등학교 저학년이나 미취학 아동들은 10진법의 고정 관념이 없기 때문에 2진법이나 16진법을 10진법처럼 학습 할 수 있습니다.

숫자의 본질은 카운팅하는 행위에 있습니다.
10진법 사고가 확고한 단계에서는 다른 진법으로 카운팅하는 행위를 2차원적으로 사고할 수밖에 없습니다.
하지만 진법의 틀이 없는 미취학 아동일 때부터 다른 진법으로 카운팅하는 학습을 10진법과 병행한다면 10진법 뿐 만 아니라 다른 진법들도 1차원적으로 생각할 수 있습니다.
또한, 미취학 아동일 때부터 그런 학습을 한 아이는 10진법 학습에 큰 도움을 받을 수 있습니다. 수학적 사고는 전이가 되기 때문입니다.

그리고 요즘은 2진법이나 16진법은 컴퓨터 구조 전반에 걸쳐 사용되고 있습니다. 2진법이나 16진법의 이해도는 논리연산이나 데이터의 표현과 관련된 직업을 이해하는데 많은 도움을 줍니다.
즉, 진법을 이해하고 있으면 좀 더 일찍 소프트웨어 교육이 아닌 다른 고차원적인 코딩 교육을 받을 수 있습니다.
외국에서는 컴퓨터 과학(computer science)교육을 코딩 교육으로 하고 있습니다. 진법의 이해는 컴퓨터 과학(computer science)교육을 시작하는 시기를 앞당겨 줄 수 있습니다.

진법 이해가 아이의 잠재적인 가능성을 일찍 개화 할 수 있도록 도움을 줄 수 있습니다. 때문에 미취학 아동에서 초등학생까지 접하고 경험해 볼 수 있도록 책을 기술하였습니다.

이 책은 기존 진법 교육 틀에서 벗어나서 설명하고 있으며, 덧셈만 할 수 있는 아동이라면 충분이 학습할 수 있도록 기술하였습니다.
덧셈을 못하는 아동이라도 어른의 도움을 받으면서 수의 본질인 카운팅으로도 학습 할 수 있도록 구성하였습니다.
또한, 이 책을 학습하고 나면 사칙연산, 대소 관계, 분할의 개념을 스스로 생각하여 습득할 수 있도록 구성하였습니다.

사고의 무한한 가능성을 가진 아이들에게 십진법만 사고하는 어른들의 사고틀을 요구하고 있는 것은 아닌가 생각해 볼 수 있는 기회를 제공하는 책입니다.

**처음 배우는 아이들은 모든 진법이 다 똑같습니다.**

# ◁ 차 례 ▷

**chapter Ⅰ.**
그림의 개수를 세어 숫자가 있는 표 그림으로 확인하기

   1. 색깔 힌트가 있는 그림을 보고 숫자가 있는 표에 색칠하기
                                        ............................ 6 ~ 14

   2. 색깔 힌트가 없는 그림을 보고 숫자가 있는 표에 색칠하기
                                        ............................ 15 ~ 24

   3. 숫자가 있는 표 그림을 보고 숫자로 표현하기
                                        ............................ 25 ~ 34

   4. 숫자를 보고 숫자가 있는 표 그림 색칠하기
                                        ............................ 35 ~ 44

**chapter Ⅱ.**
숫자가 표시되지 않은 표 그림으로 확인하기

   1. 숫자가 표시되지 않은 표 그림을 숫자로 표현하기
                                        ............................ 45 ~ 54

   2. 숫자를 보고 숫자가 표시되지 않은 표 그림 색칠하기
                                        ............................ 55 ~ 64

**chapter Ⅲ.**
숫자가 표시된 코드표 확인하기

   1. 그림을 보고 개수를 세어 숫자가 표시된 코드표 색칠하기
                                        ............................ 65 ~ 74

   2. 숫자가 표시된 코드표 보고 숫자로 표현하기
                                        ............................ 75 ~ 82

   3. 숫자를 보고 숫자가 표시된 코드표 색칠하기
                                        ............................ 83 ~ 90

# chapter Ⅳ.
### 숫자가 표시되지 않은 코드표 확인하기

   1. 숫자가 표시되지 않은 코드표 보고 숫자로 표현하기
                                                         91 ~ 98
   2. 숫자를 숫자가 표시되지 않은 코드표 색칠하기
                                                      99 ~ 106

# chapter Ⅴ.
### 코드표와 코드 상호 관계 확인하기

   1. 코드표 보고 윤곽이 있는 코드로 나타내기
                                                      107 ~ 114
   2. 숫자를 코드표와 윤곽이 있는 코드로 나타내기
                                                      115 ~ 122
   3. 코드표 보고 윤곽이 없는 코드로 나타내기
                                                      123 ~ 130
   4. 숫자를 코드표와 윤곽이 없는 코드로 나타내기
                                                      131 ~ 138

# chapter Ⅵ.
### 이 진 코 드

   1. 코드를 숫자로 표현하기
                                                      139 ~ 146
   2. 숫자를 코드로 표현하기
                                                      147 ~ 154
   3. 그림의 개수를 세어 십진법 숫자와 코드로 표현하기
                                                      155 ~ 164
   4. 그림의 개수를 세어 코드로 표현하기
                                                      165 ~ 174

## chapter Ⅰ.
### 그림의 개수를 세어 숫자가 있는 표 그림으로 확인하기

**1. 색깔 힌트가 있는 그림을 보고 숫자가 있는 표에 색칠하기**

### 색칠 방법

1, 2, 3, 4, 5, 6, 7, 8, 9, 10, 11, 12, 13, 14, 15에 해당되는 숫자들은 모두 1, 2, 4, 8 숫자들의 합으로 표현할 수 있습니다.

그림을 보고 개수를 세어 보세요.
그리고 1, 2, 4, 8의 합으로 생각하고 표기해 보세요.

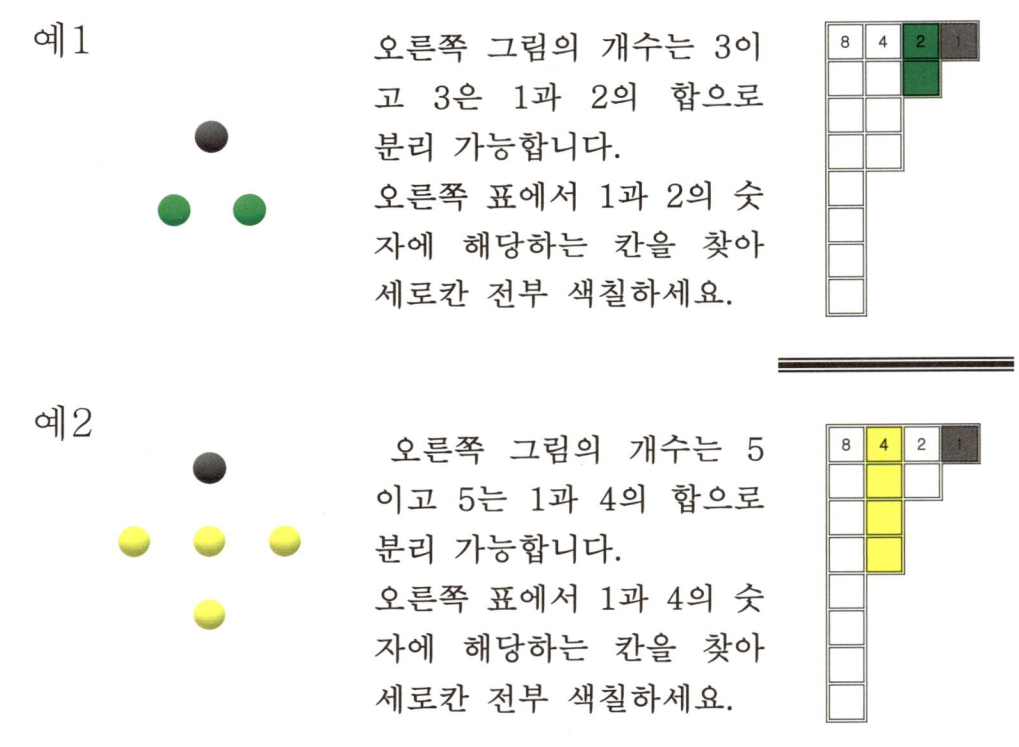

예1 오른쪽 그림의 개수는 3이고 3은 1과 2의 합으로 분리 가능합니다.
오른쪽 표에서 1과 2의 숫자에 해당하는 칸을 찾아 세로칸 전부 색칠하세요.

예2 오른쪽 그림의 개수는 5이고 5는 1과 4의 합으로 분리 가능합니다.
오른쪽 표에서 1과 4의 숫자에 해당하는 칸을 찾아 세로칸 전부 색칠하세요.

다음 문제들은 같은 방법으로 숫자를 세어서 1, 2, 4, 8로 구분지어서 색칠하세요. 이 책을 처음 시작하기 때문에 숫자는 순서대로 적혀 있고, 색깔 (1은 회색, 2는 녹색, 4는 노란 색, 8은 빨강색)로 힌트도 주어져 있습니다.

## chapter I   1. 색깔 힌트가 있는 그림을 보고 숫자가 있는 표에 색칠하기

정답 및 풀이 177쪽

**#. 다음 그림을 보고 표를 색칠하시오.**

1)      ⇒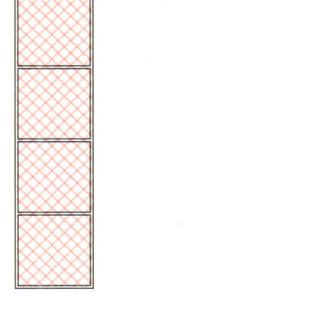

숫자 구분     1     표

2)      ⇒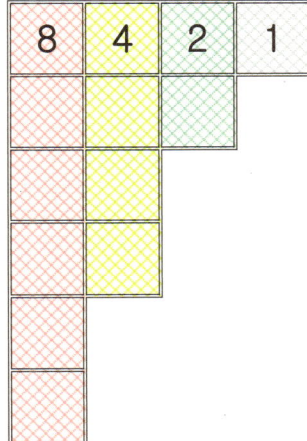

숫자 구분     2     정답

- 7 -

chapter Ⅰ    1. 색깔 힌트가 있는 그림을 보고 숫자가 있는 표에 색칠하기

#. 다음 그림을 보고 표를 색칠하시오.

3)   ⇒  | 8 | 4 | 2 | 1 |

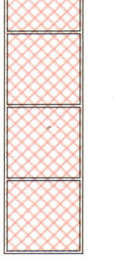

숫자 구분    2 + 1    표

4)   ⇒  | 8 | 4 | 2 | 1 |

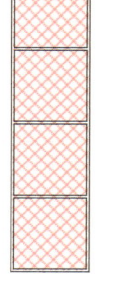

숫자 구분    4    표

 **#. 다음 그림을 보고 표를 색칠하시오.**

5)    ⇒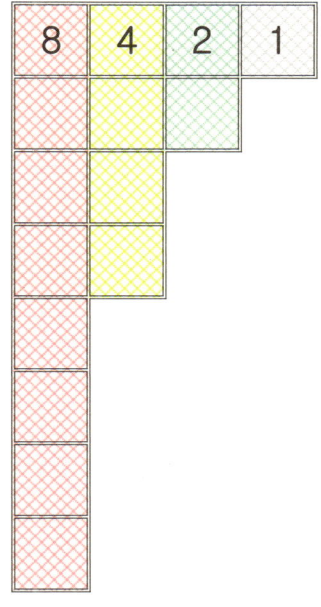

숫자
구분     4 + 1     표

6)    ⇒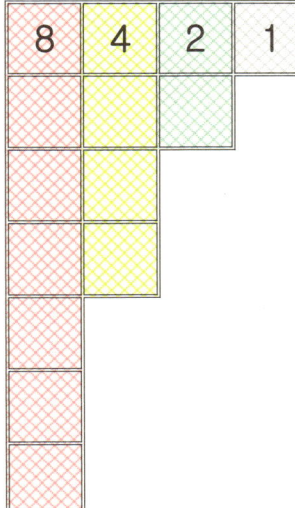

숫자
구분     4 + 2     표

# chapter I

1. 색깔 힌트가 있는 그림을 보고 숫자가 있는 표에 색칠하기

 **다음 그림을 보고 표를 색칠하시오.**

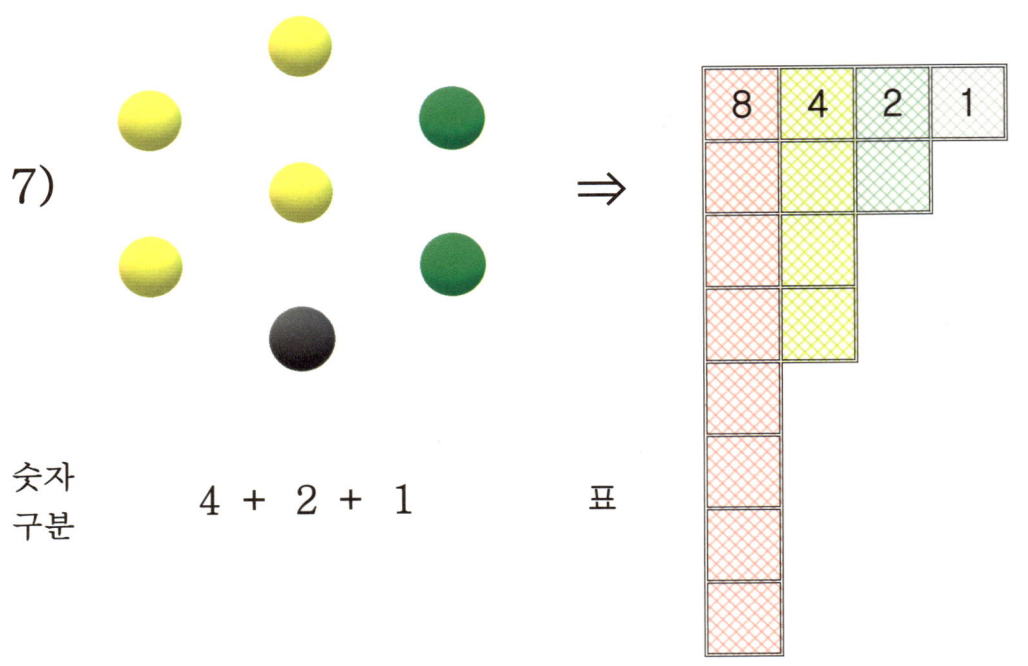

7)   숫자 구분    4 + 2 + 1    표

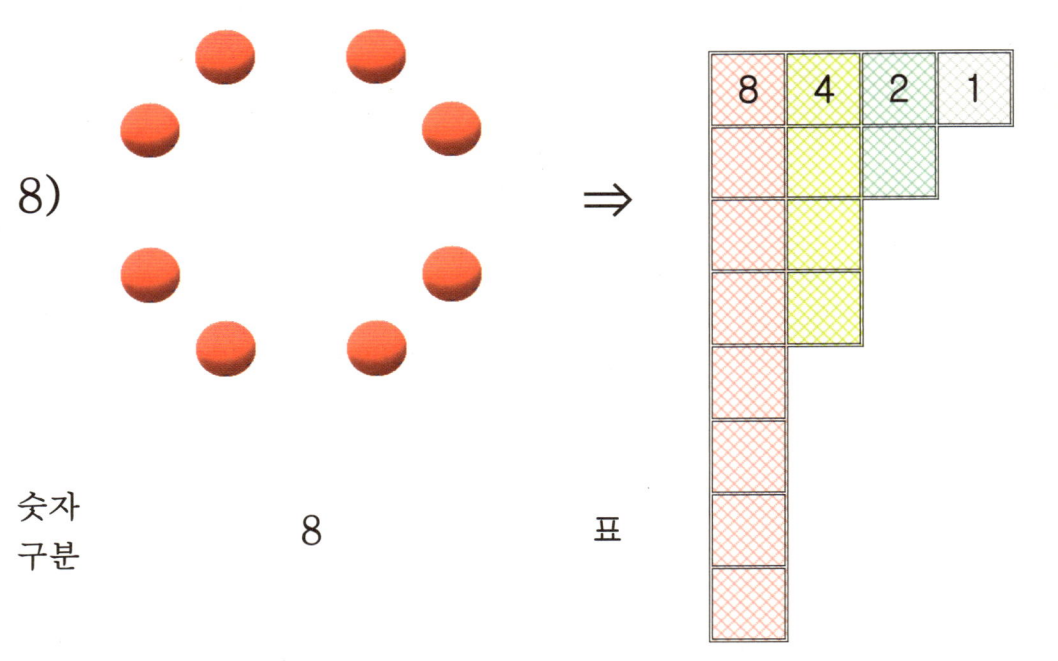

8)   숫자 구분    8    표

chapter I    1. 색깔 힌트가 있는 그림을 보고 숫자가 있는 표에 색칠하기

**#. 다음 그림을 보고 표를 색칠하시오.**

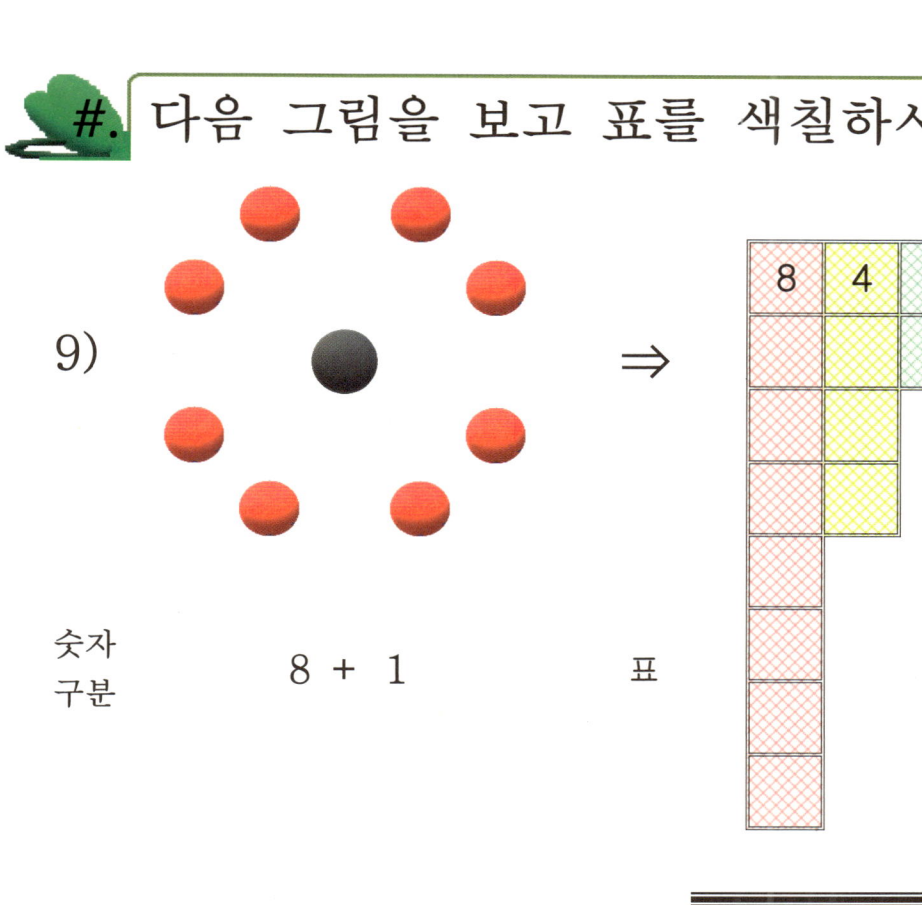

9) 숫자 구분   8 + 1   표

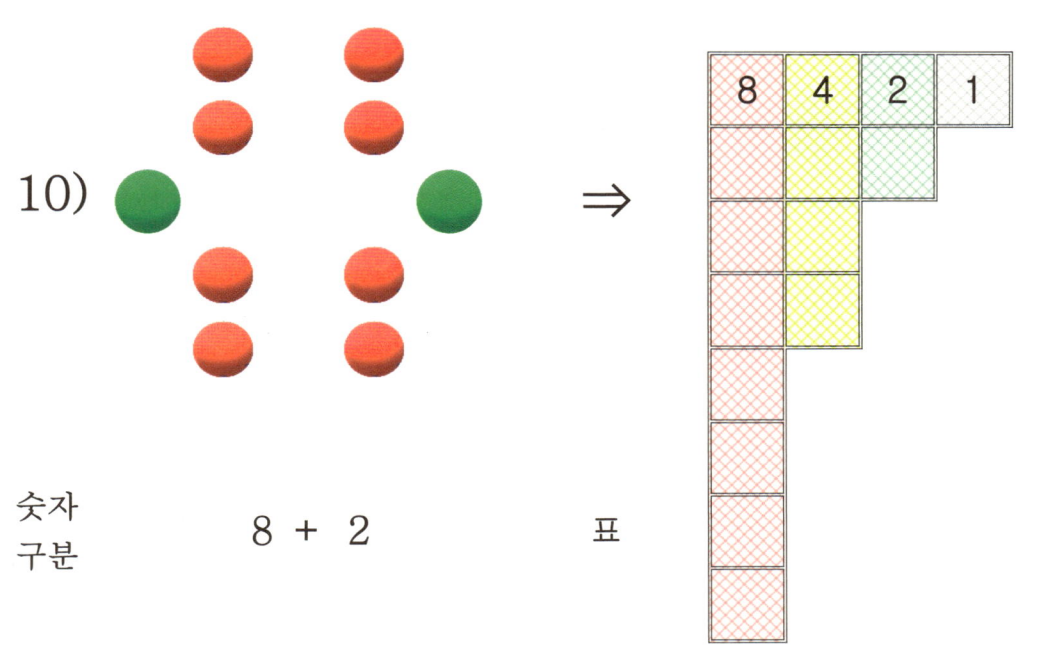

10) 숫자 구분   8 + 2   표

- 11 -

chapter I　　1. 색깔 힌트가 있는 그림을 보고 숫자가 있는 표에 색칠하기

 **#. 다음 그림을 보고 표를 색칠하시오.**

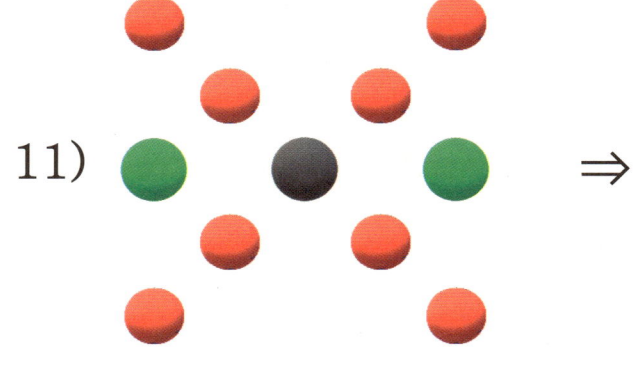

11) ⇒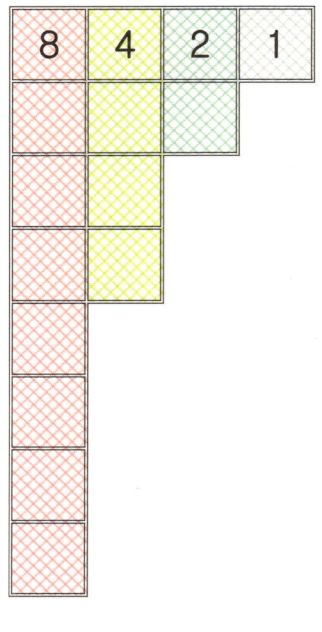

숫자구분　　8 + 2 + 1　　표

12) ⇒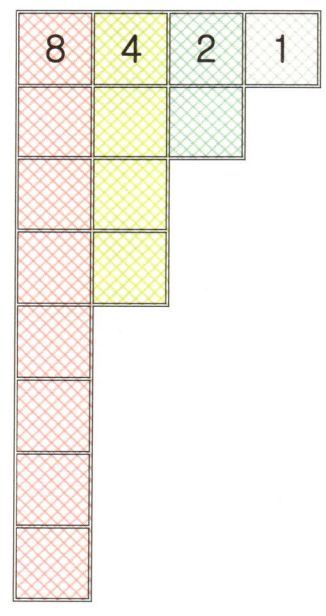

숫자구분　　8 + 4　　표

chapter Ⅰ   1. 색깔 힌트가 있는 그림을 보고 숫자가 있는 표에 색칠하기

 **#.** 다음 그림을 보고 표를 색칠하시오.

13)  ⇒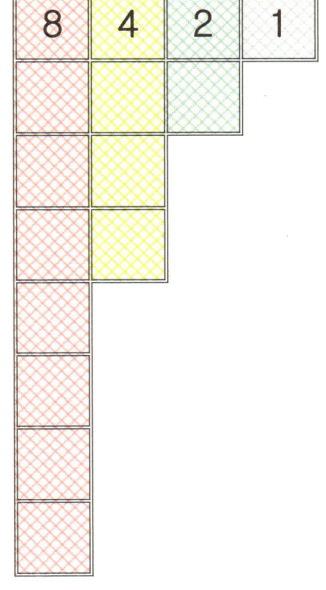

숫자 구분    8 + 4 + 1    표

14)  ⇒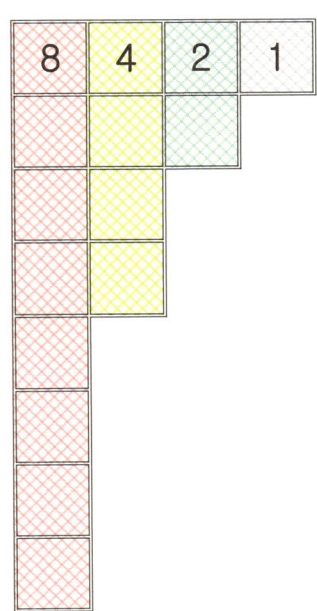

숫자 구분    8 + 4 + 2    표

chapter Ⅰ   1. 색깔 힌트가 있는 그림을 보고 숫자가 있는 표에 색칠하기

 **#.** 다음 그림을 보고 표를 색칠하시오.

15)  ⇒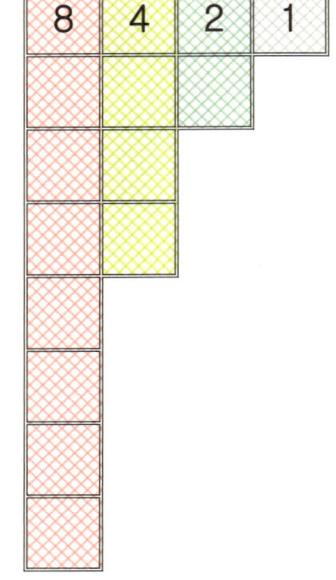

숫자 구분    8 + 4 + 2 + 1    표

16) ⇒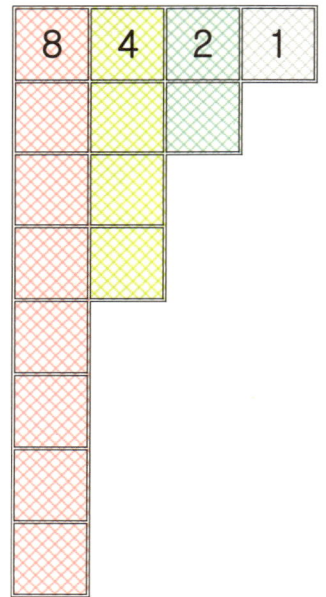

숫자 구분    4 + 2 + 1    표

- 14 -

## 2. 색깔 힌트가 없는 그림을 보고 숫자가 있는 표에 색칠하기

### 색칠 방법

1단계:
그림을 보고 개수를 세어 보세요.

2단계:
숫자는 1, 2, 3, 4, 5, 6, 7, 8, 9, 10, 11, 12, 13, 14, 15에 해당되는 숫자들이고 앞에서와 같이 1, 2, 4, 8 의 숫자들의 합으로 구분지어서 숫자 크기에 해당하는 세로 줄을 모두 칠하세요.


다음 문제들은 앞에서와 다르게
색깔 (1은 회색, 2는 녹색, 4는 노란 색, 8은 빨강색)로 구분하지 않고 하나의 색으로 표현 하였습니다.

### 학습 효과

숫자를 세어 보는 연습을 통해서 숫자의 본질인 카운팅을 연습하는 효과가 있습니다.

숫자를 특정한 숫자의 합으로 표현하면서 덧셈의 원리를 직관적으로 이해하는 효과가 있습니다.

# chapter Ⅰ  2. 색깔 힌트가 없는 그림을 보고 숫자가 있는 표에 색칠하기

정답 및 풀이 179쪽~

**#. 다음 그림을 보고 표를 색칠하시오.**

예1

예2

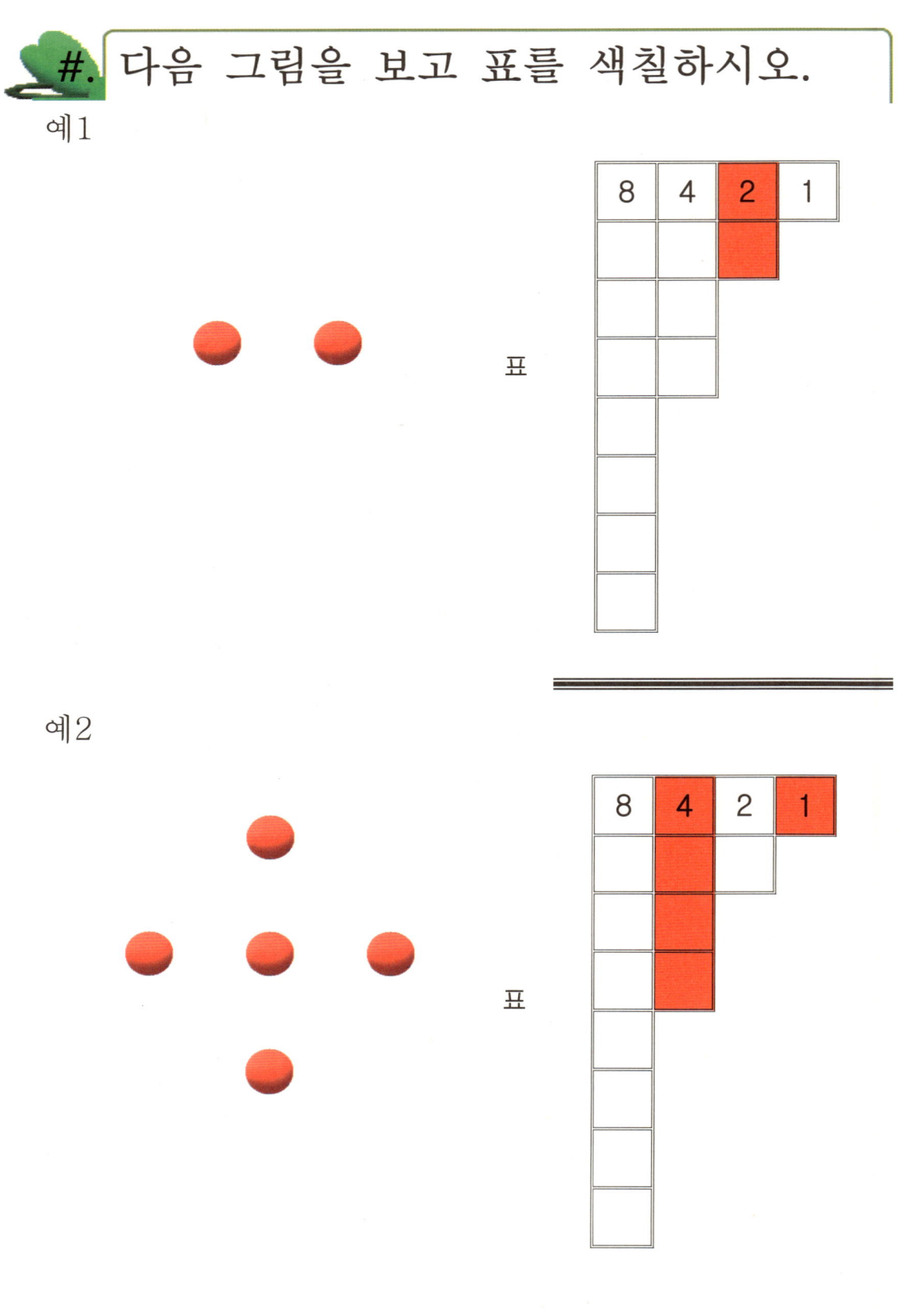

chapter I    2. 색깔 힌트가 없는 그림을 보고 숫자가 있는 표에 색칠하기

 **다음 그림을 보고 표를 색칠하시오.**

17)

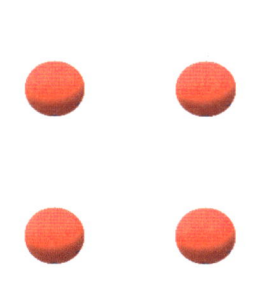

표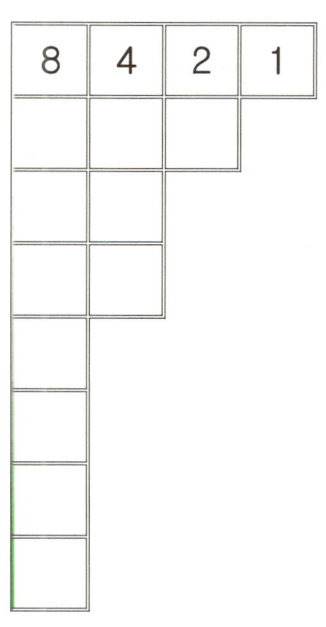

18)

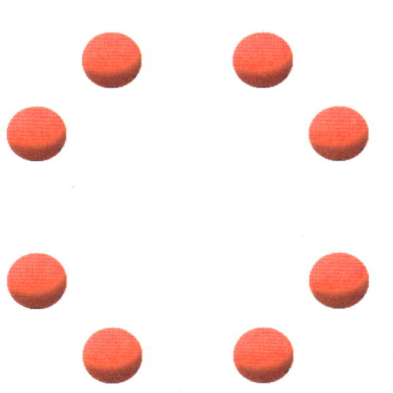

표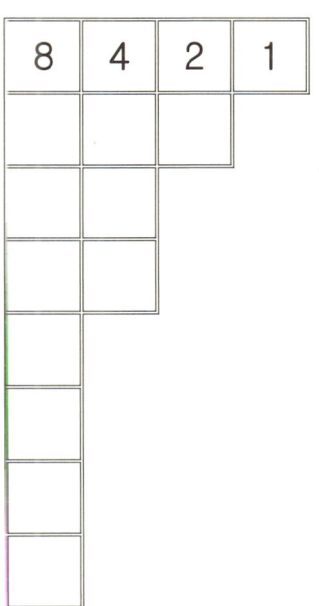

- 17 -

chapter I  2. 색깔 힌트가 없는 그림을 보고 숫자가 있는 표에 색칠하기

 다음 그림을 보고 표를 색칠하시오.

19)

20)

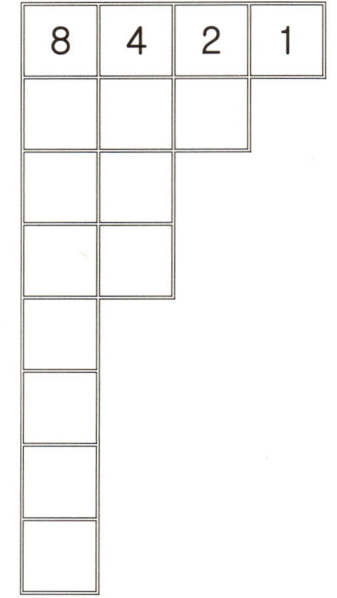

chapter I    2. 색깔 힌트가 없는 그림을 보고 숫자가 있는 표에 색칠하기

#. 다음 그림을 보고 표를 색칠하시오.

21)

22)

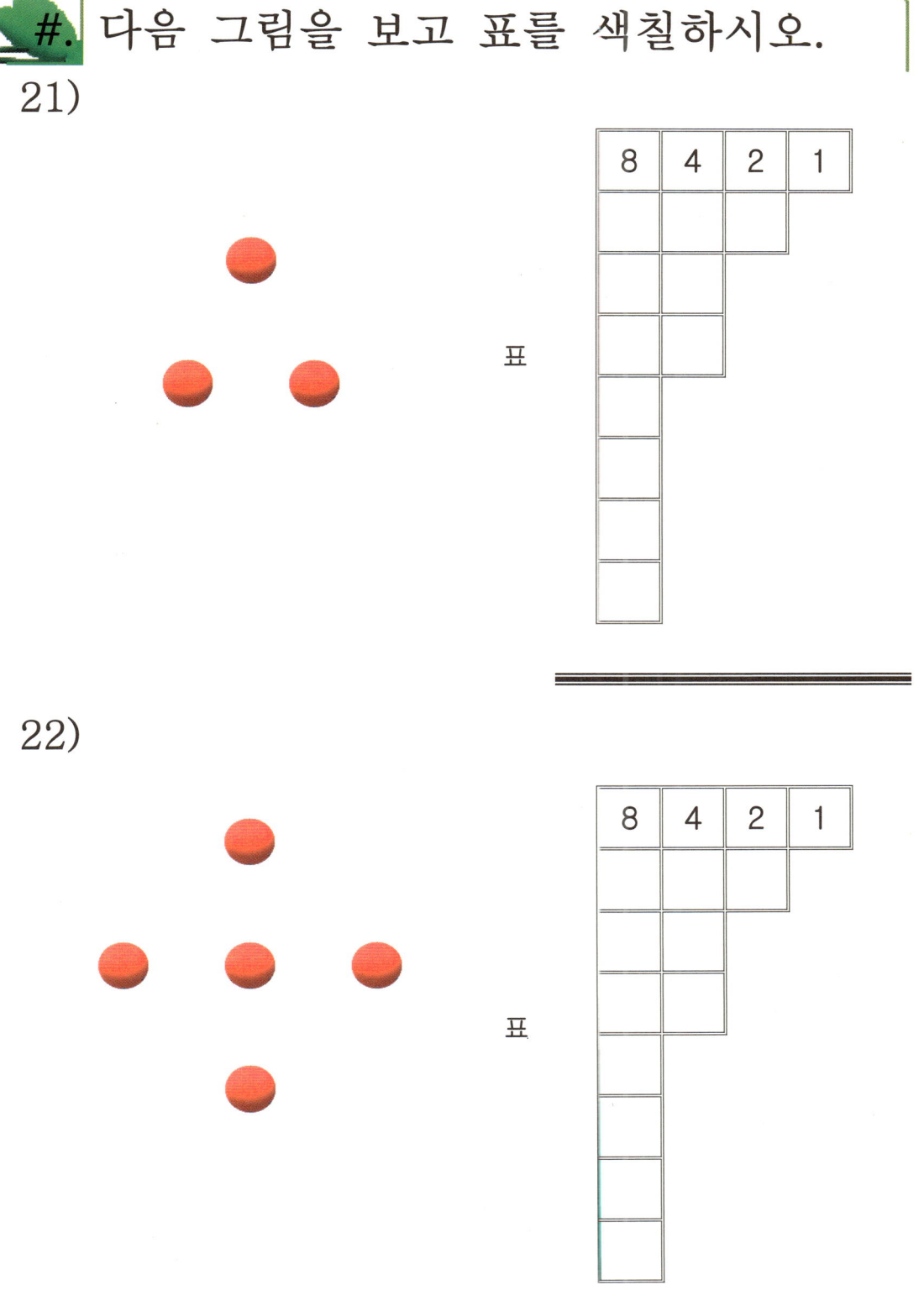

 다음 그림을 보고 표를 색칠하시오.

23)

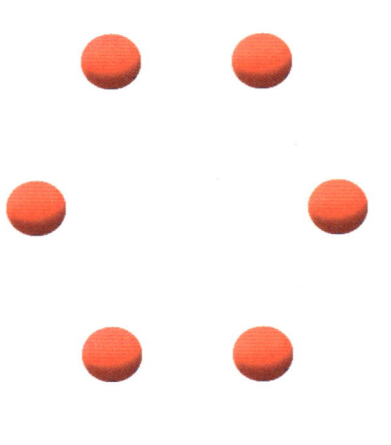

표

| 8 | 4 | 2 | 1 |
|---|---|---|---|

24)

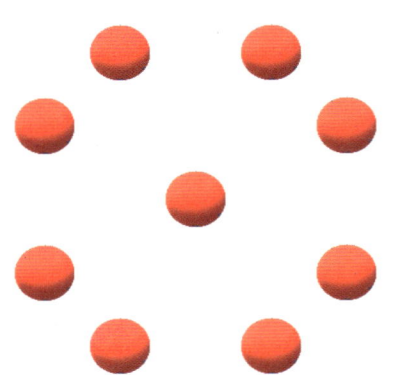

표

| 8 | 4 | 2 | 1 |
|---|---|---|---|

 **다음 그림을 보고 표를 색칠하시오.**

25)

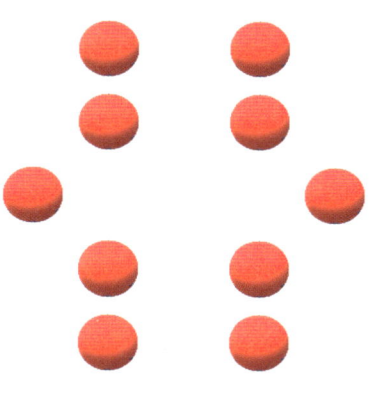

표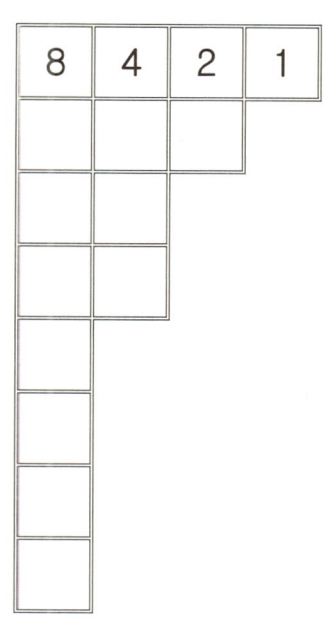

26)

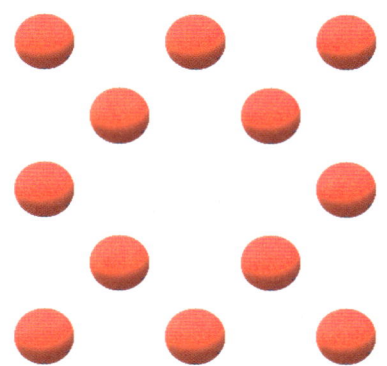

표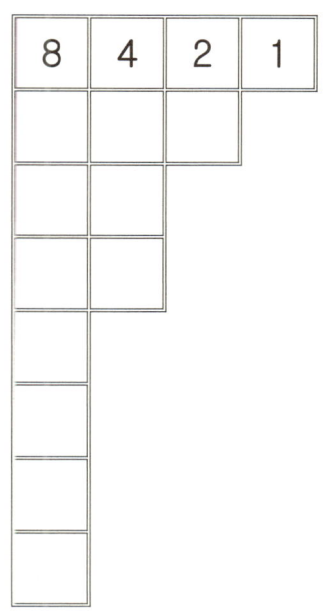

 **다음 그림을 보고 표를 색칠하시오.**

27)

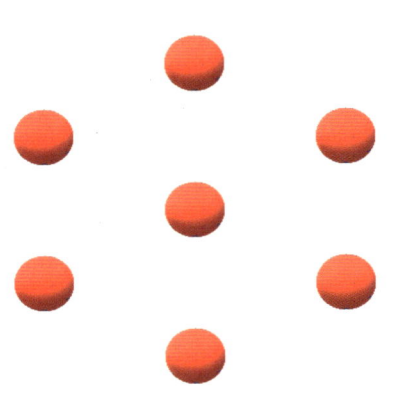

표 | 8 | 4 | 2 | 1 |
|---|---|---|---|

28)

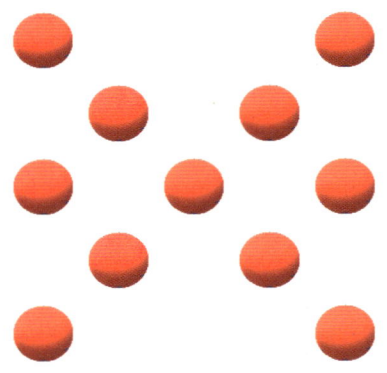

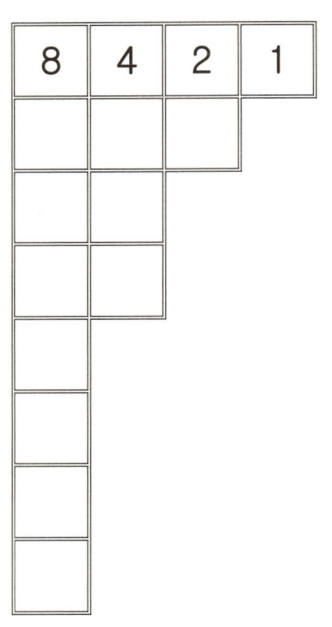

chapter I   2. 색깔 힌트가 없는 그림을 보고 숫자가 있는 표에 색칠하기

 **다음 그림을 보고 표를 색칠하시오.**

29)

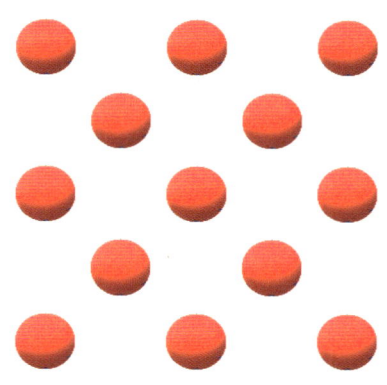

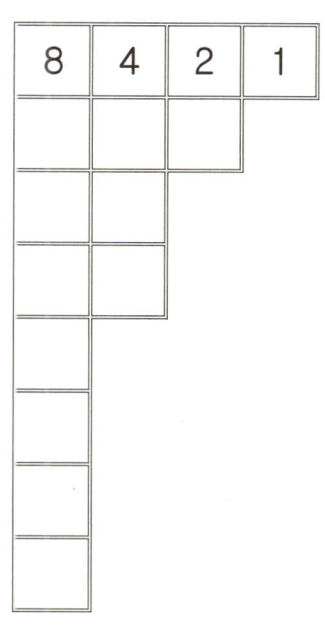

30)

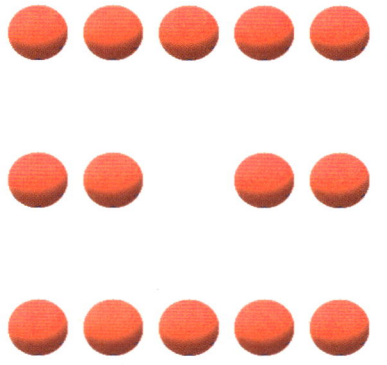

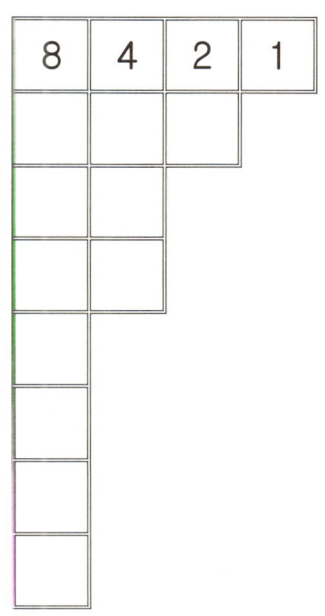

- 23 -

chapter Ⅰ   2. 색깔 힌트가 없는 그림을 보고 숫자가 있는 표에 색칠하기

#. 다음 그림을 보고 표를 색칠하시오.

31)

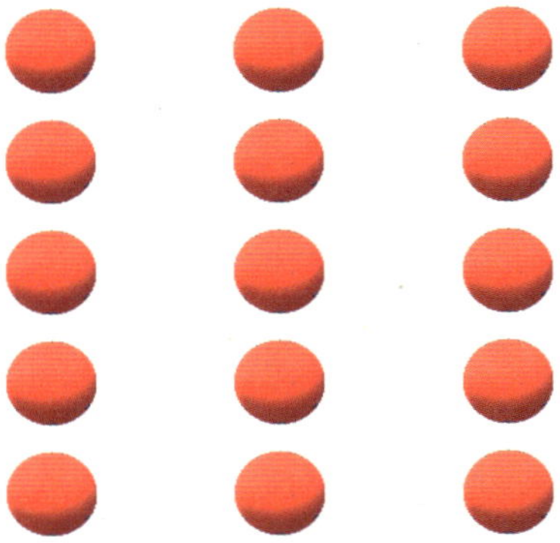

| 8 | 4 | 2 | 1 |
|---|---|---|---|

표

32)

| 8 | 4 | 2 | 1 |
|---|---|---|---|

표

## 3. 숫자가 있는 표 그림을 보고 숫자로 표현하기

### 학습 방법

방법1.
그림을 보고 색칠된 모든 칸수를 세어서 숫자를 적어 보세요.

방법2.
그림을 보고 색칠되어진 세로 줄의 칸 수를 세어서 각 세로줄의 칸 수의 합을 계산 하세요.

### 학습 효과

색칠되어져 있는 칸의 수를 세는 행위를 하면서 숫자와 카운팅을 매칭 시켜 생각하게 하고 덧셈 원리를 시각적으로 이해하면서 사고 틀 형성에 도움을 줍니다.

숫자가 가지고 있는 기능 중 하나인 수량의 느낌을 시각적 그림으로 표현하여서 위치에 따라서 다른 크기를 나타내는 것을 직관적으로 학습하게 합니다. 이 학습은 위치적 기수법에 기반을 둔 10진법 학습에 도움을 줍니다.

chapter I  3. 숫자가 있는 표 그림을 보고 숫자로 표현하기

정답 및 풀이 181쪽~

 다음 표 그림을 숫자로 나타내시오.

예1 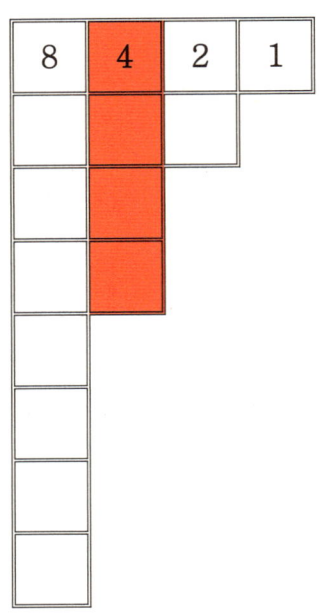  예2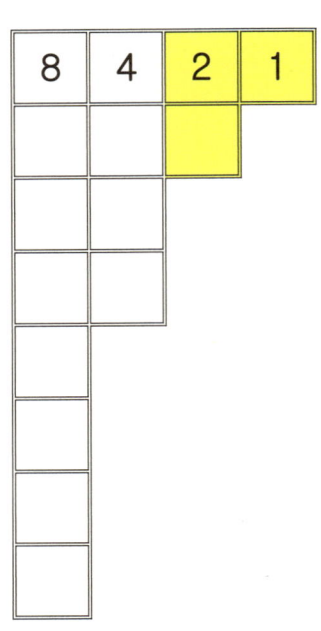

정답        4              정답    2 + 1 = 3

33) 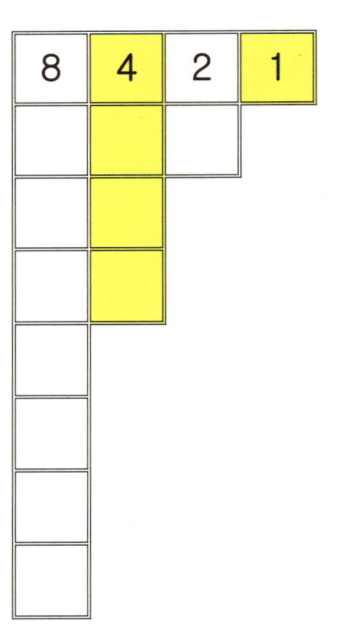  34)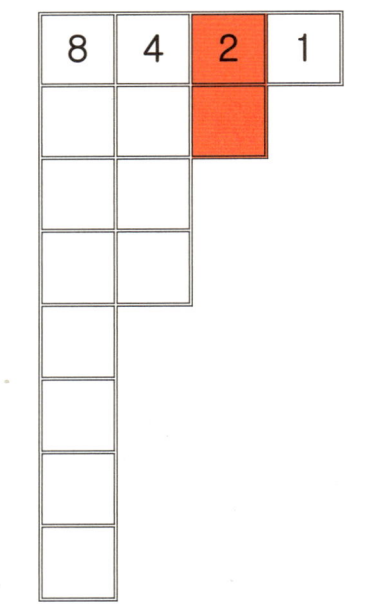

정답                          정답

# 다음 표 그림을 숫자로 나타내시오.

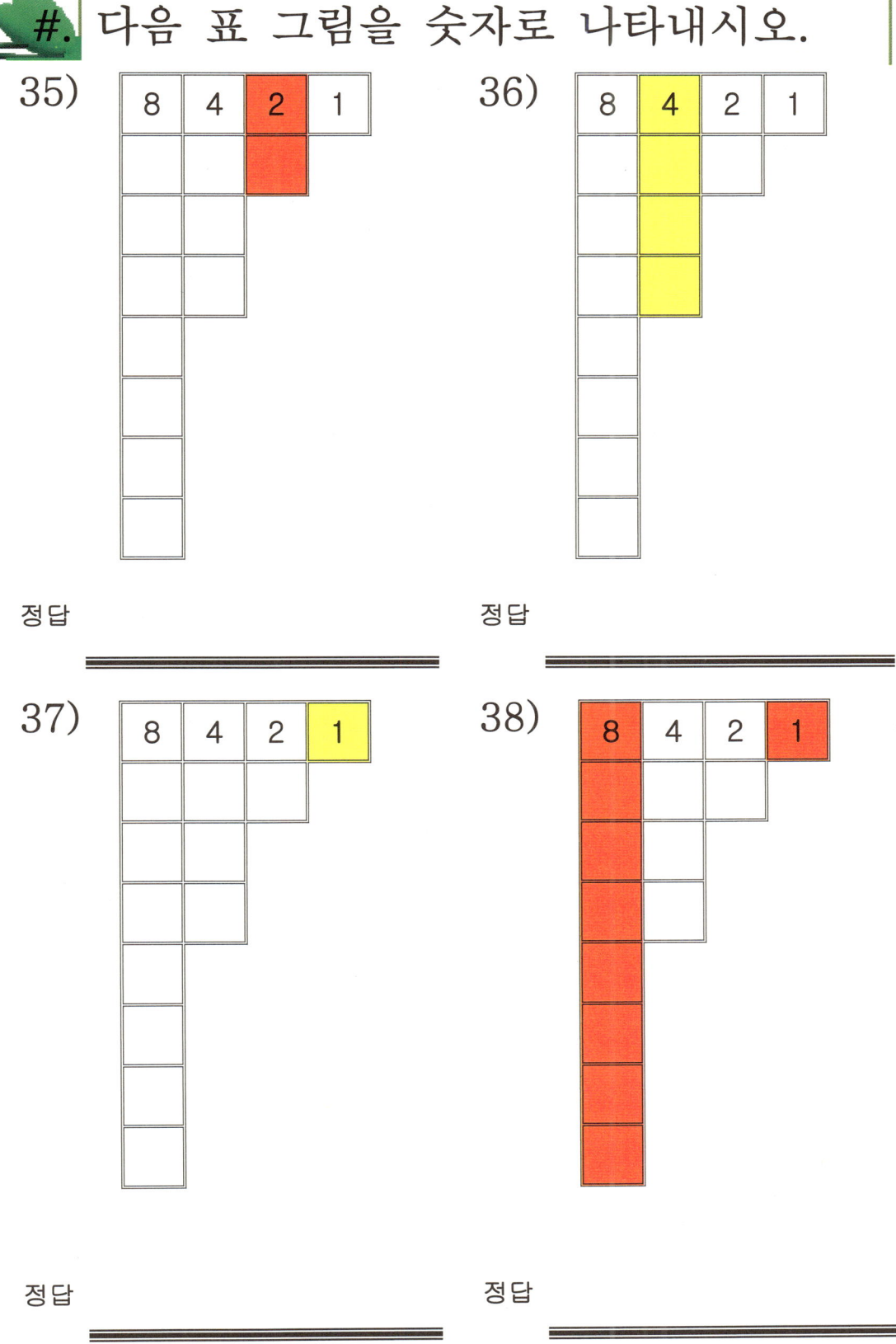

35)

36)

정답

37)

38)

정답

#. 다음 표 그림을 숫자로 나타내시오.

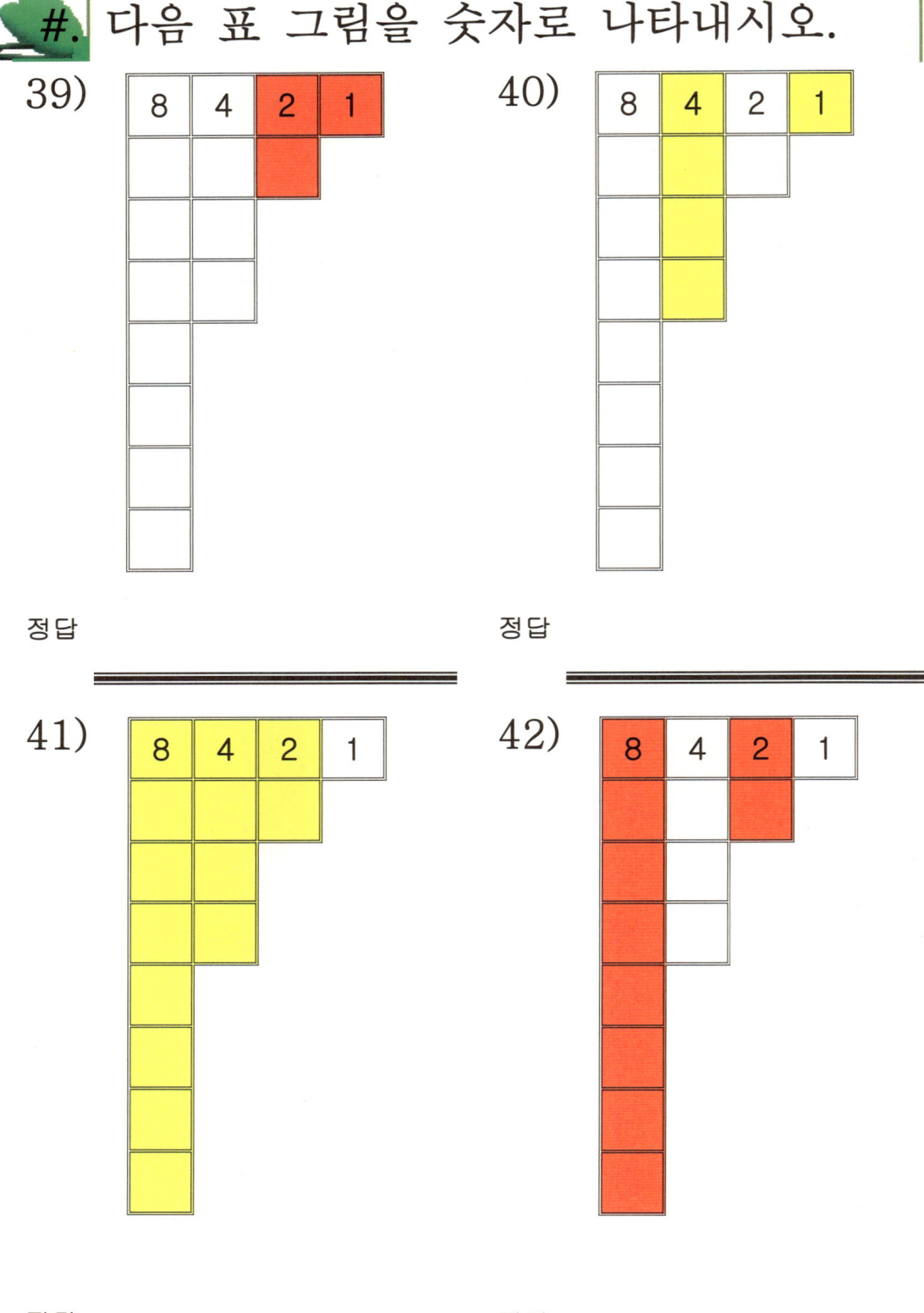

39) 정답 _____

40) 정답 _____

41) 정답 _____

42) 정답 _____

# chapter Ⅰ  3. 숫자가 있는 표 그림을 보고 숫자로 표현하기

**#. 다음 표 그림을 숫자로 나타내시오.**

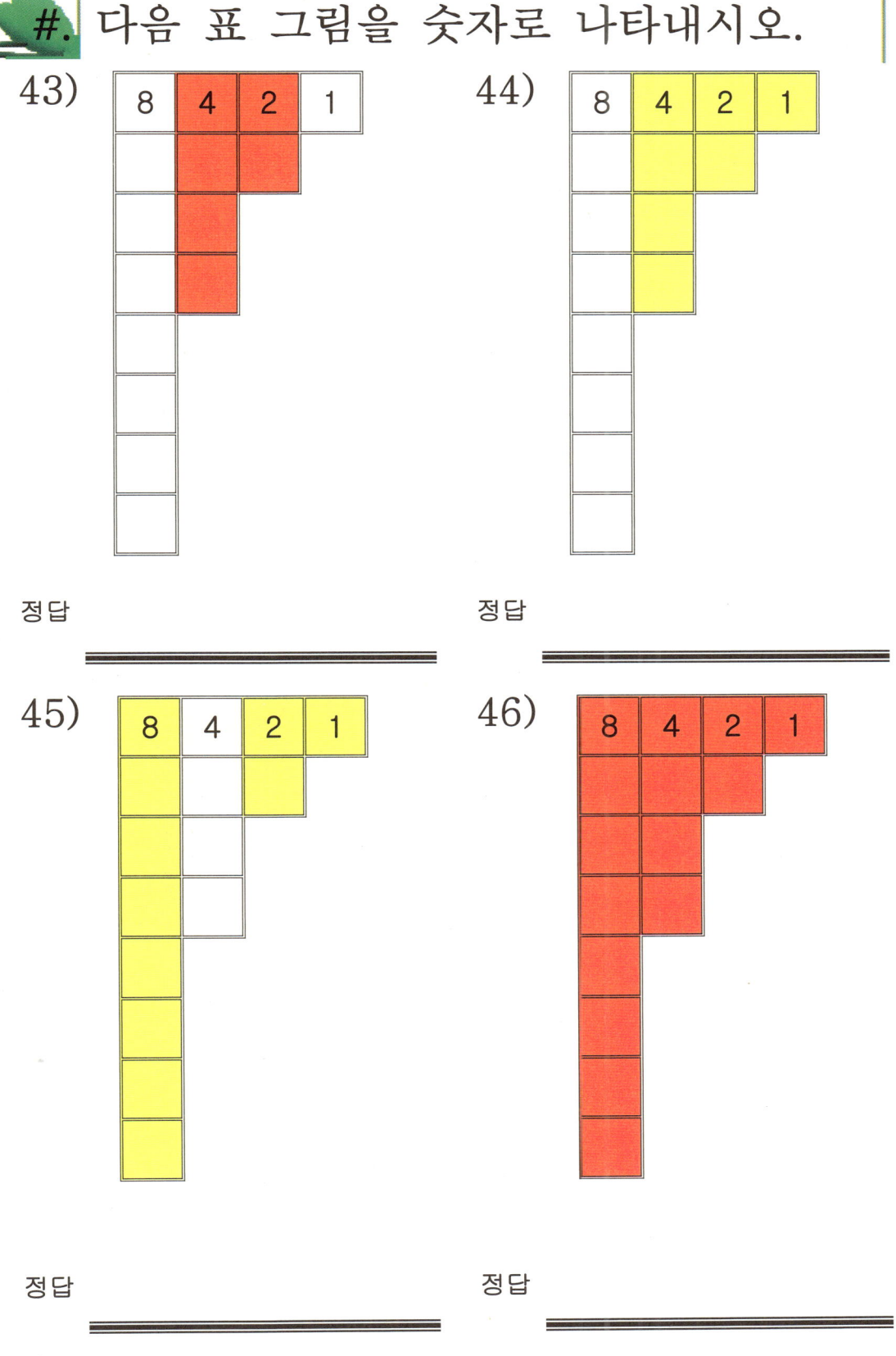

43)  정답 _____

44)  정답 _____

45)  정답 _____

46)  정답 _____

# 다음 표 그림을 숫자로 나타내시오.

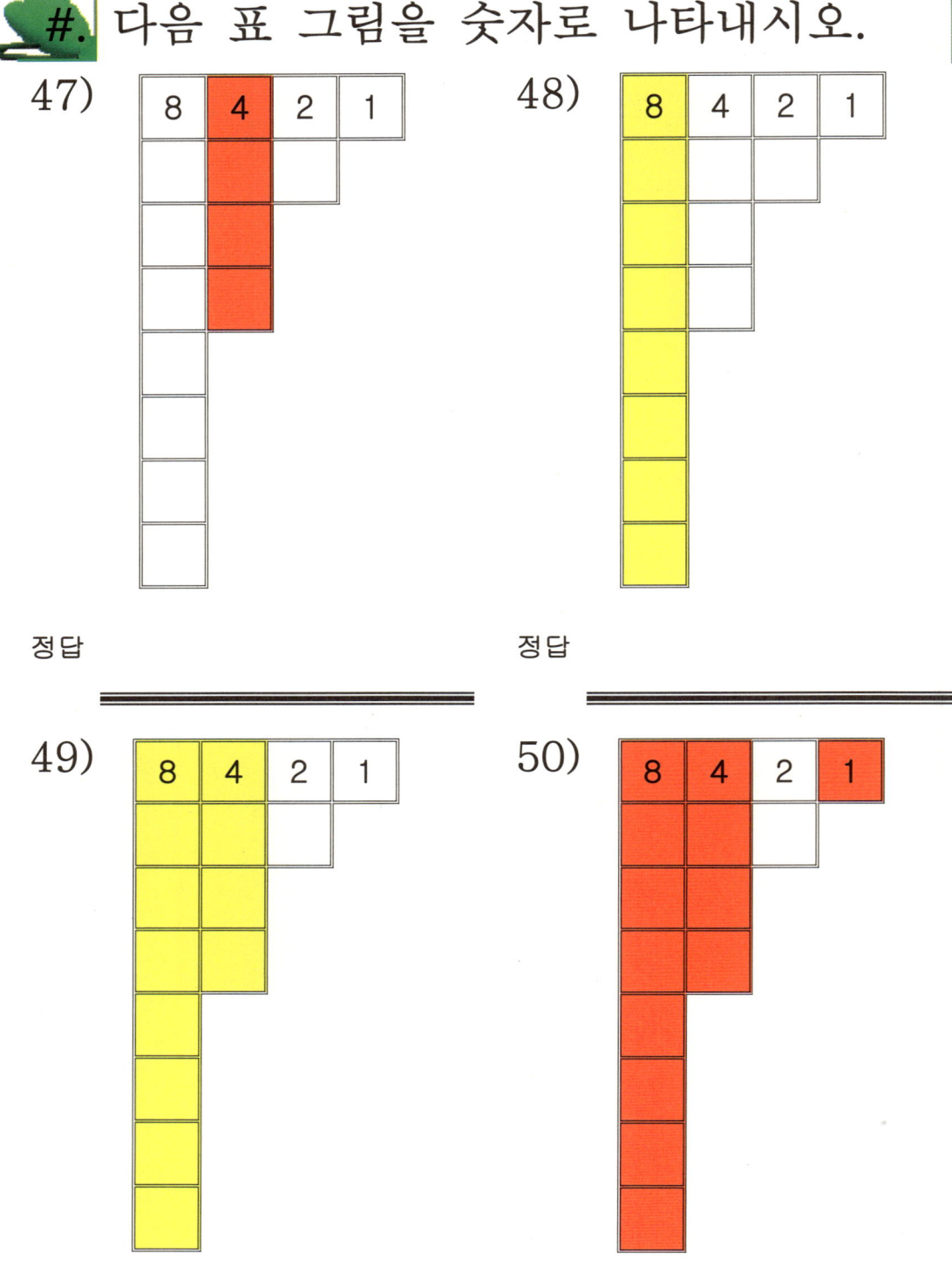

# 다음 표 그림을 숫자로 나타내시오.

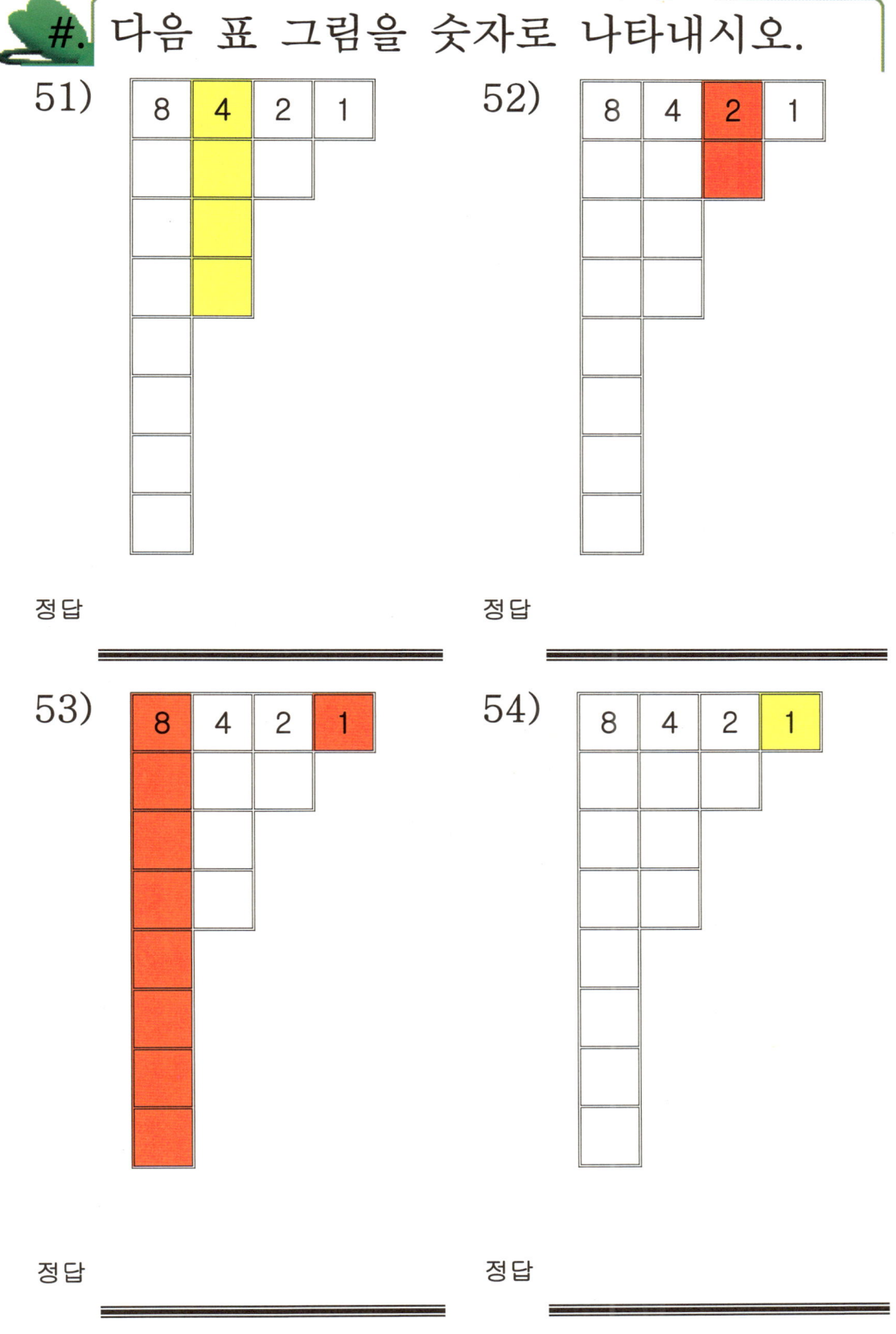

정답 _____

정답 _____

정답 _____

정답 _____

# 다음 표 그림을 숫자로 나타내시오.

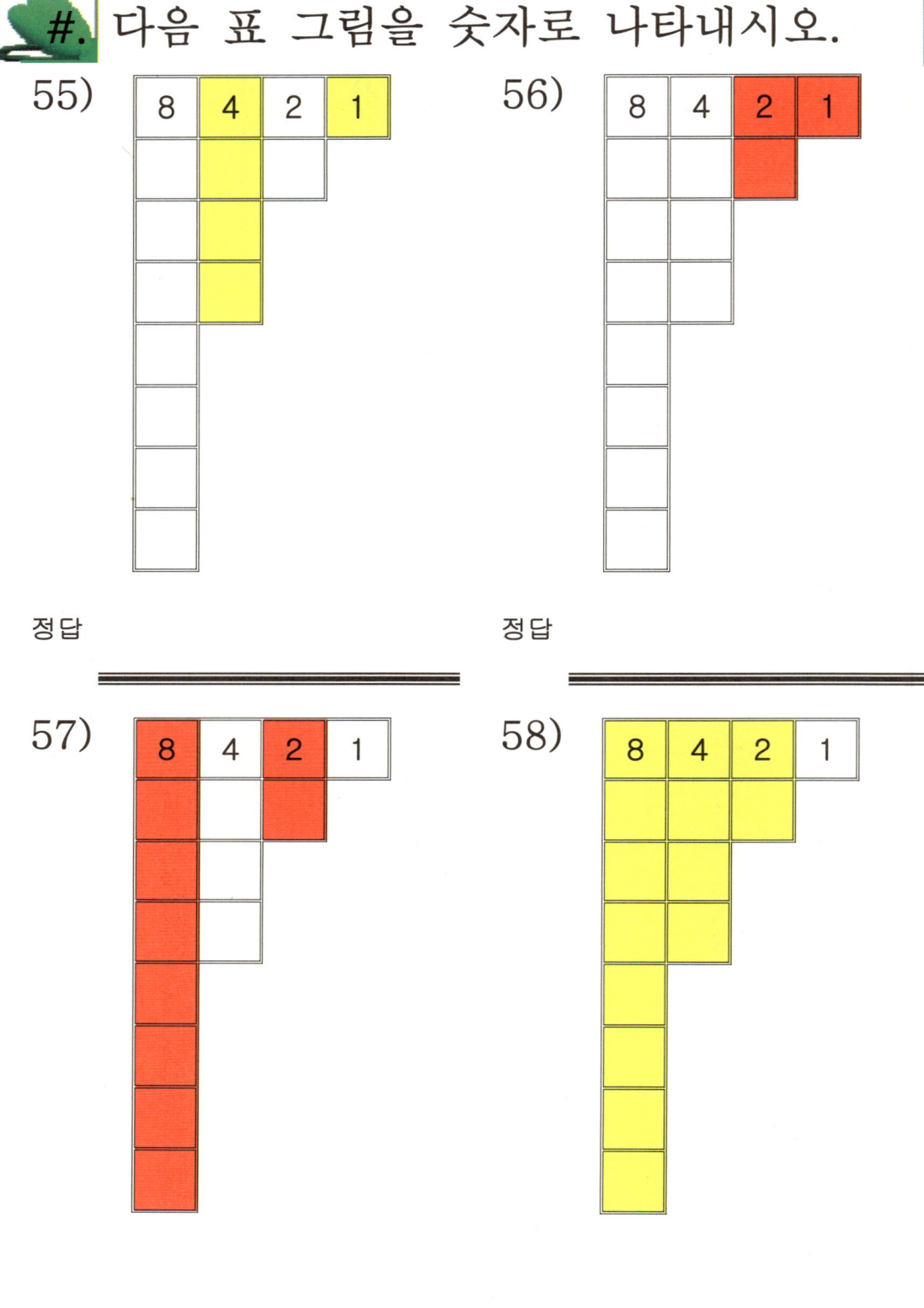

55)  정답

56)  정답

57)  정답

58)  정답

# 다음 표 그림을 숫자로 나타내시오.

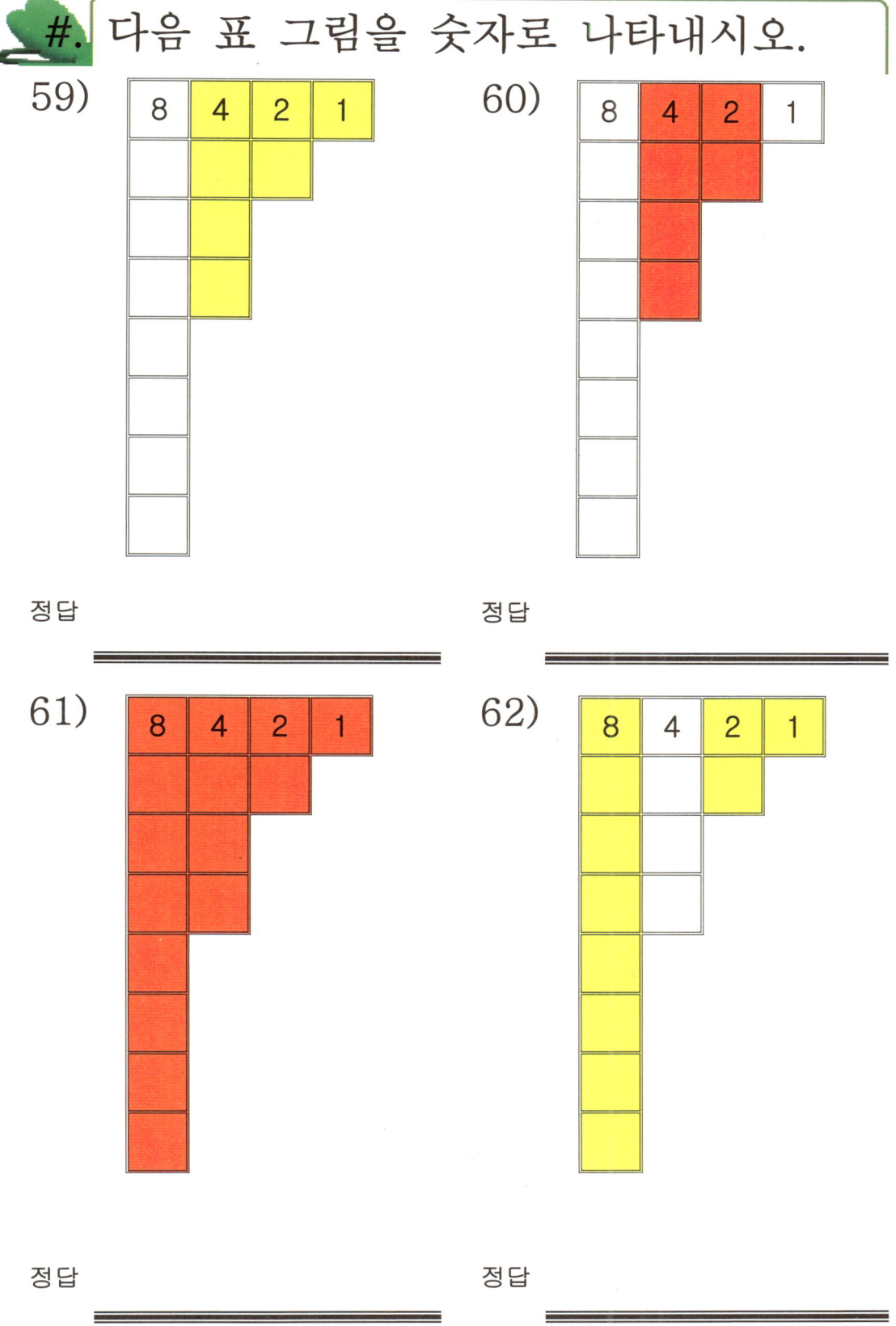

59)

정답 _____

60)

정답 _____

61)

정답 _____

62)

정답 _____

## chapter I  3. 숫자가 있는 표 그림을 보고 숫자로 표현하기

### #. 다음 표 그림을 숫자로 나타내시오.

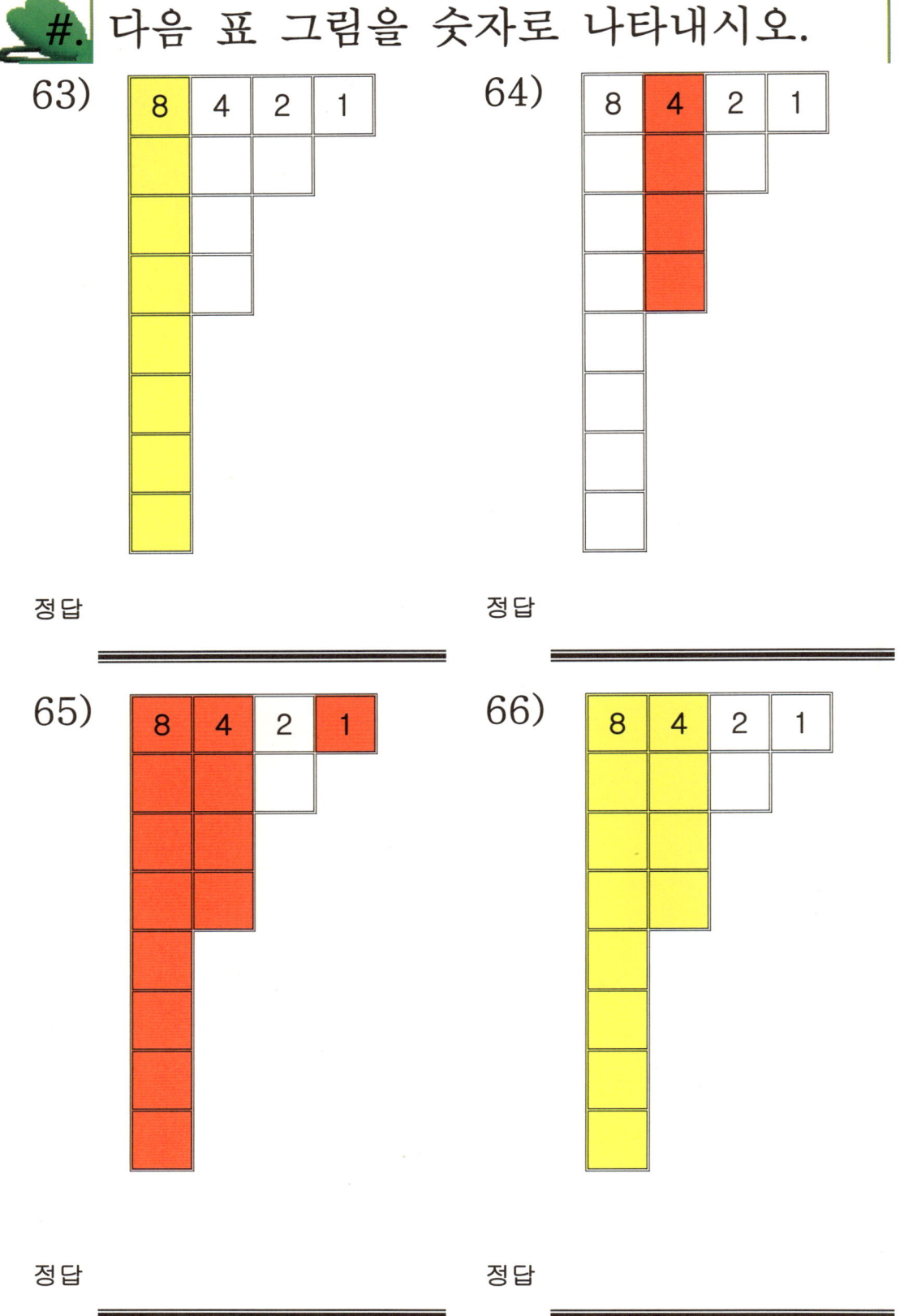

63) 정답 _____

64) 정답 _____

65) 정답 _____

66) 정답 _____

## 4. 숫자를 보고 숫자가 있는 표 그림 색칠하기

### 학습 방법

방법1
주어진 숫자를 1, 2, 4, 8 만의 숫자 합으로 분리하여 생각합니다.
합으로 표현되어진 숫자를 맨 위쪽 행에서 찾습니다.
그 숫자들의 아래 열을 모두 색칠합니다.

방법2
주어진 숫자를 보고 1, 2, 4, 8 중에서 차이가 가장 적은 숫자를 맨 위쪽 행에서 찾습니다.(주어진 숫자보다 작은 숫자를 찾습니다.)
그 숫자의 아래 열을 모두 색칠합니다.
색칠하고 남은 숫자를 다시 1, 2, 4, 8 중에서 차이가 가장 적은 숫자를 맨 위쪽 행에서 찾습니다.(남은 숫자보다 작은 숫자를 찾습니다.)
그 숫자의 아래 열을 모두 색칠합니다.
위와 같은 방법을 계속 진행하여 문제에 주어진 숫자의 크기만큼 칸수를 색칠합니다.

### 학습 효과

색칠을 하면서 숫자의 크기를 시각적으로 경험할 수 있습니다.

덧셈을 숫자의 분할을 통해서 연습함으로써 사칙연산의 사고를 학습할 수 있습니다.

숫자의 대소 관계를 경험하면서 추상적인 숫자의 크기를 학습할 수 있습니다.

chapter I  4. 숫자를 보고 숫자가 있는 표 그림 색칠하기

정답 및 풀이 182쪽~

 **다음 숫자를 표 그림으로 나타내시오.**

예1  숫자 3

풀 이

표

⇨ 먼저 첫 번째 줄에서 3보다 작은 수 중 차이가 가장 적은 숫자를 찾아서 그 아래 열을 모두 색칠합니다.
색칠하고 남은 숫자를 같은 방법으로 반복해서 계속 색칠합니다.
3은 2가 적힌 세로 열이 먼저 색칠되고, 1이 색칠됩니다.
$\underline{3 = 2 + 1}$

예2  숫자 7

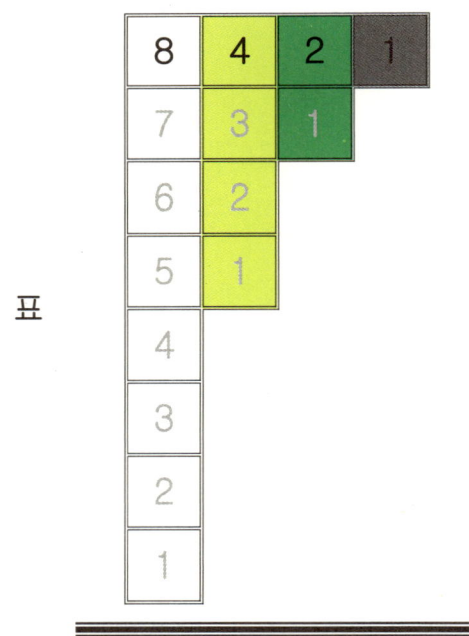

풀 이

⇨ 먼저 첫 번째 줄에서 7보다 작은 수 중 차이가 가장 적은 숫자를 찾아서 그 아래 열을 모두 색칠합니다.
색칠하고 남은 숫자를 같은 방법으로 반복해서 계속 색칠합니다.
7은 4가 적힌 세로 열이 먼저 색칠되고 2와 1 순서로 열이 색칠됩니다.
$\underline{7 = 4 + 2 + 1}$

- 36 -

 **다음 숫자를 표 그림으로 나타내시오.**

67) 숫자 2

68) 숫자 1

69) 숫자 8

70) 숫자 4

 **다음 숫자를 표 그림으로 나타내시오.**

71) 숫자 3

72) 숫자 5

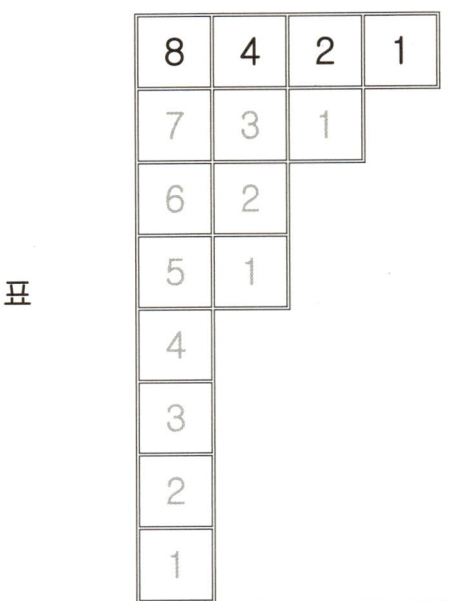

73) 숫자 6

74) 숫자 9

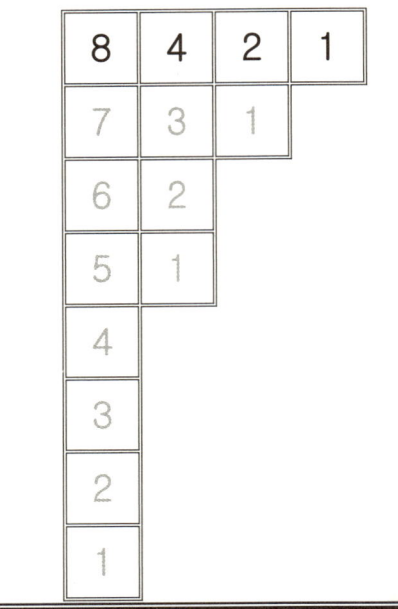

 **다음 숫자를 표 그림으로 나타내시오.**

75) 숫자 7

76) 숫자 13

77) 숫자 11

78) 숫자 14

# chapter I  4. 숫자를 보고 숫자가 있는 표 그림 색칠하기

 **다음 숫자를 표 그림으로 나타내시오.**

79) 숫자 10

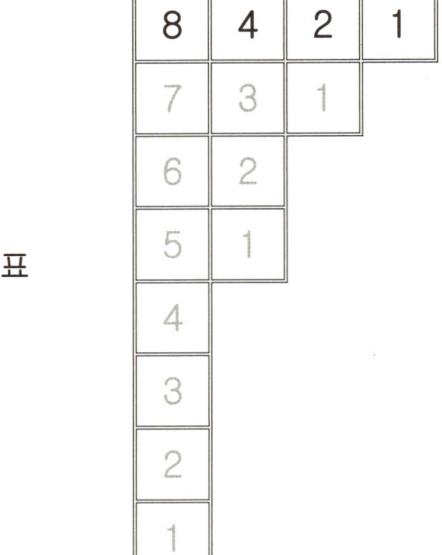

80) 숫자 12

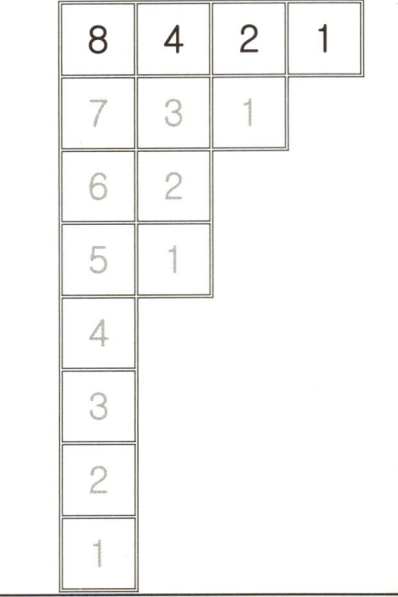

81) 숫자 9

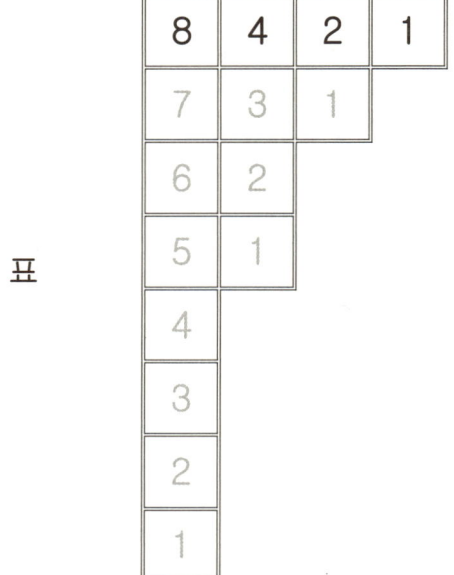

82) 숫자 15

chapter I  4. 숫자를 보고 숫자가 있는 표 그림 색칠하기

 **다음 숫자를 표 그림으로 나타내시오.**

83) 숫자 1

| 8 | 4 | 2 | 1 |
|---|---|---|---|
| 7 | 3 | 1 | |
| 6 | 2 | | |
| 5 | 1 | | |
| 4 | | | |
| 3 | | | |
| 2 | | | |
| 1 | | | |

표

84) 숫자 2

| 8 | 4 | 2 | 1 |
|---|---|---|---|
| 7 | 3 | 1 | |
| 6 | 2 | | |
| 5 | 1 | | |
| 4 | | | |
| 3 | | | |
| 2 | | | |
| 1 | | | |

표

85) 숫자 4

| 8 | 4 | 2 | 1 |
|---|---|---|---|
| 7 | 3 | 1 | |
| 6 | 2 | | |
| 5 | 1 | | |
| 4 | | | |
| 3 | | | |
| 2 | | | |
| 1 | | | |

표

86) 숫자 8

| 8 | 4 | 2 | 1 |
|---|---|---|---|
| 7 | 3 | 1 | |
| 6 | 2 | | |
| 5 | 1 | | |
| 4 | | | |
| 3 | | | |
| 2 | | | |
| 1 | | | |

표

chapter Ⅰ  4. 숫자를 보고 숫자가 있는 표 그림 색칠하기

 **#. 다음 숫자를 표 그림으로 나타내시오.**

87) 숫자 5　　　　　　88) 숫자 3

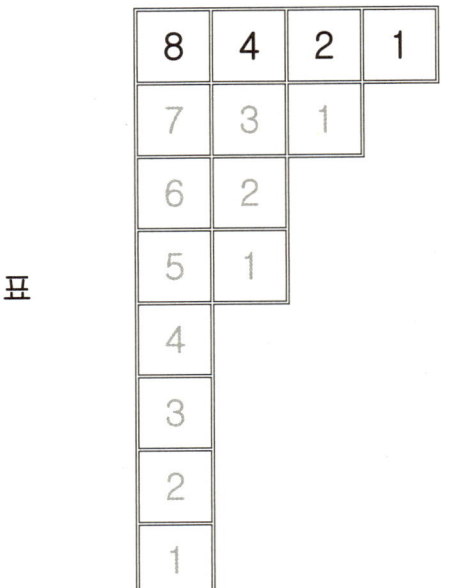

89) 숫자 9　　　　　　90) 숫자 6

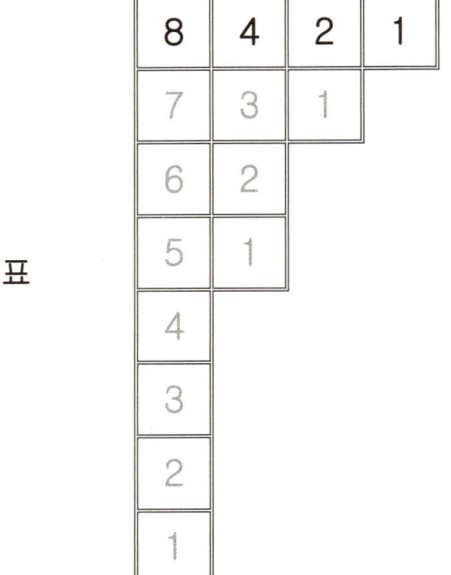

chapter Ⅰ    4. 숫자를 보고 숫자가 있는 표 그림 색칠하기

 **다음 숫자를 표 그림으로 나타내시오.**

91) 숫자 13

| 8 | 4 | 2 | 1 |
|---|---|---|---|
| 7 | 3 | 1 | |
| 6 | 2 | | |
| 5 | 1 | | |
| 4 | | | |
| 3 | | | |
| 2 | | | |
| 1 | | | |

표

92) 숫자 7

| 8 | 4 | 2 | 1 |
|---|---|---|---|
| 7 | 3 | 1 | |
| 6 | 2 | | |
| 5 | 1 | | |
| 4 | | | |
| 3 | | | |
| 2 | | | |
| 1 | | | |

표

93) 숫자 14

| 8 | 4 | 2 | 1 |
|---|---|---|---|
| 7 | 3 | 1 | |
| 6 | 2 | | |
| 5 | 1 | | |
| 4 | | | |
| 3 | | | |
| 2 | | | |
| 1 | | | |

표

94) 숫자 11

| 8 | 4 | 2 | 1 |
|---|---|---|---|
| 7 | 3 | 1 | |
| 6 | 2 | | |
| 5 | 1 | | |
| 4 | | | |
| 3 | | | |
| 2 | | | |
| 1 | | | |

표

 **다음 숫자를 표 그림으로 나타내시오.**

95) 숫자 12

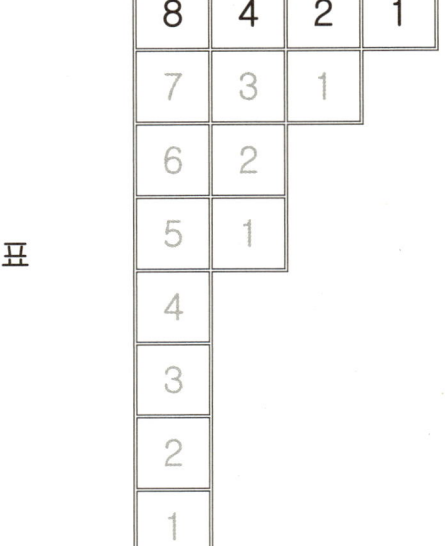

96) 숫자 10

97) 숫자 15

98) 숫자 9

## chapter Ⅱ.
### 숫자가 표시되지 않은 표 그림으로 확인하기

### 1. 숫자가 표시되지 않은 표 그림을 숫자로 표현하기

**학습 방법**

방법1
색칠되어진 칸의 개수를 세어서 숫자를 표기합니다.

방법2
칸의 숫자가 없지만 8, 4, 2, 1 순서의 위치로 칸수가 있는 것을 생각하면서 색칠되어진 세로 열의 칸의 개수를 세어서 모든 합을 표기합니다.

**학습 효과**

그림을 보고 카운팅하는 연습을 통해서 덧셈의 원리를 생각하면서 숫자를 익히는 경험을 합니다.
숫자의 표기법에서 오른쪽에서 왼쪽으로 갈수록 일정한 규칙으로 숫자가 증가하는 그림을 통해서 기수법의 기본 원리를 시각적으로 경험하고 학습합니다.

## chapter II  1. 숫자가 표시되지 않은 표 그림을 숫자로 표현하기

정답 및 풀이 186쪽

### #. 다음 표 그림을 숫자로 나타내시오.

예1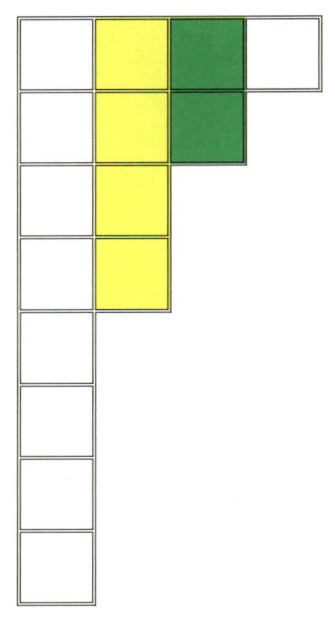

정답    4 + 2 = 6

예2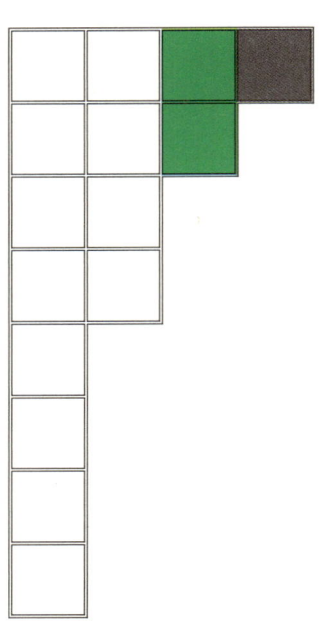

정답    2 + 1 = 3

예3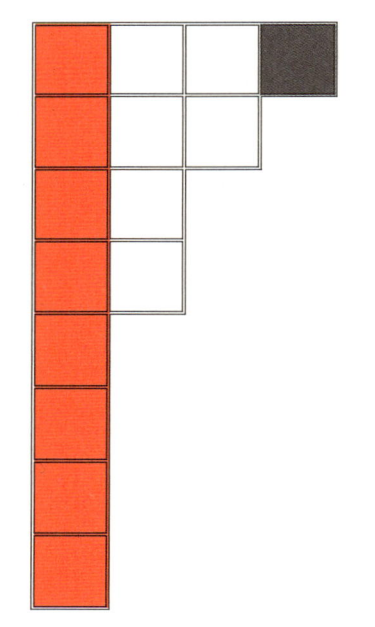

정답    8 + 1 = 9

예4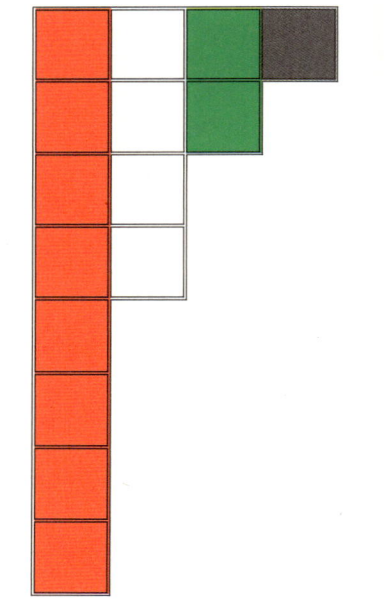

정답    8 + 2 + 1 = 11

# 다음 표 그림을 숫자로 나타내시오.

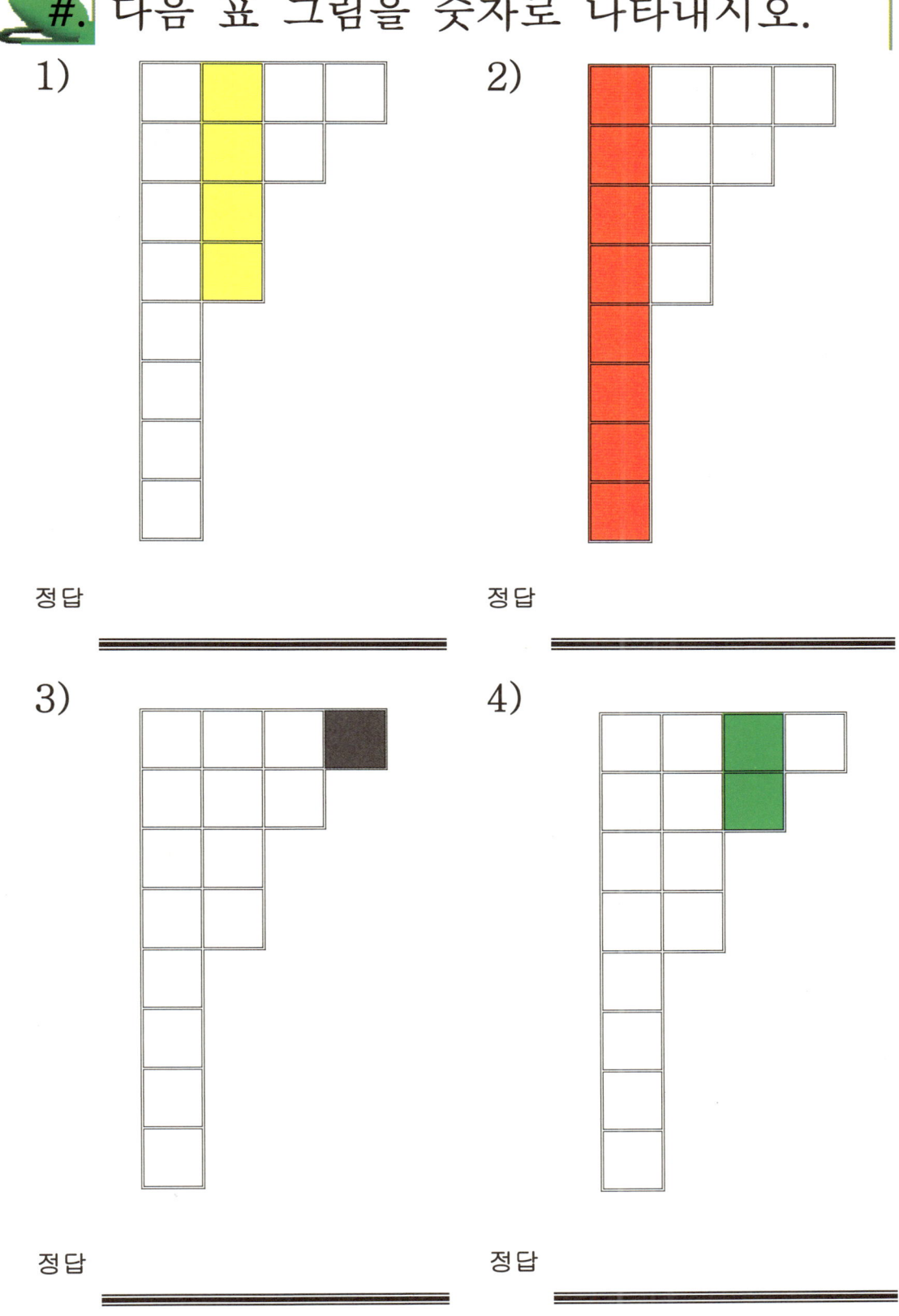

1)

정답 _____

2)

정답 _____

3)

정답 _____

4)

정답 _____

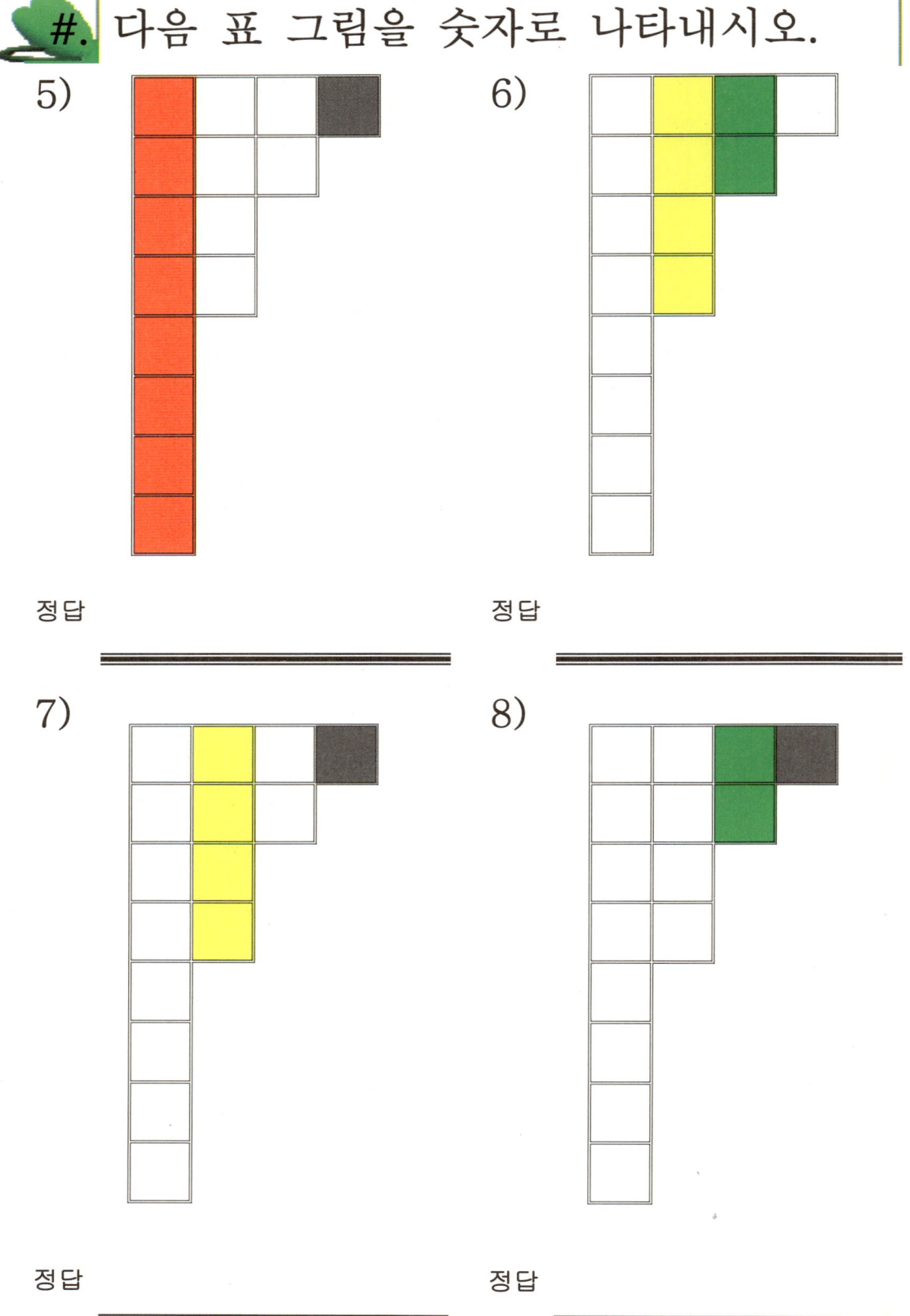

# 다음 표 그림을 숫자로 나타내시오.

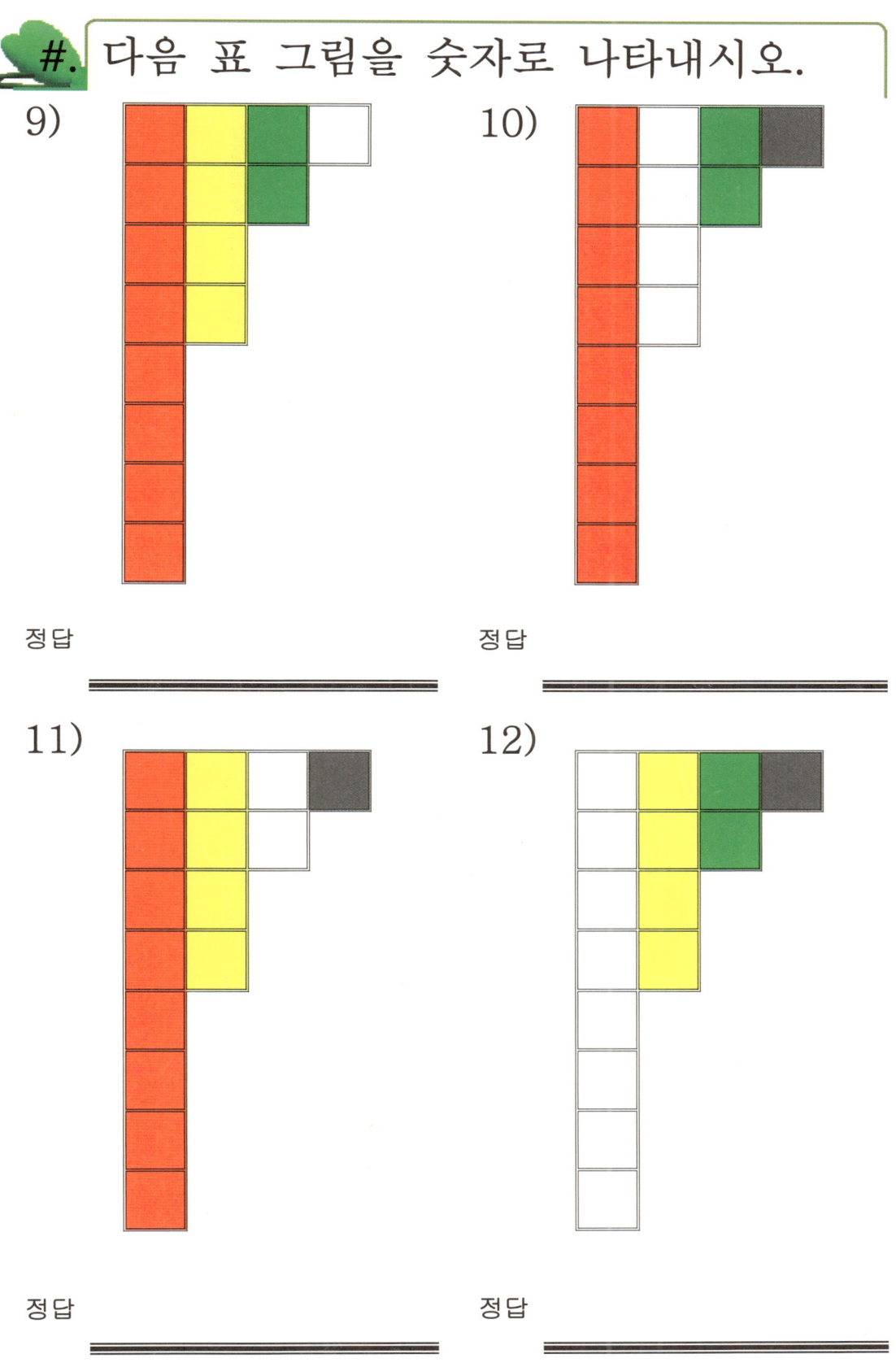

9) 정답 _____

10) 정답 _____

11) 정답 _____

12) 정답 _____

# 다음 표 그림을 숫자로 나타내시오.

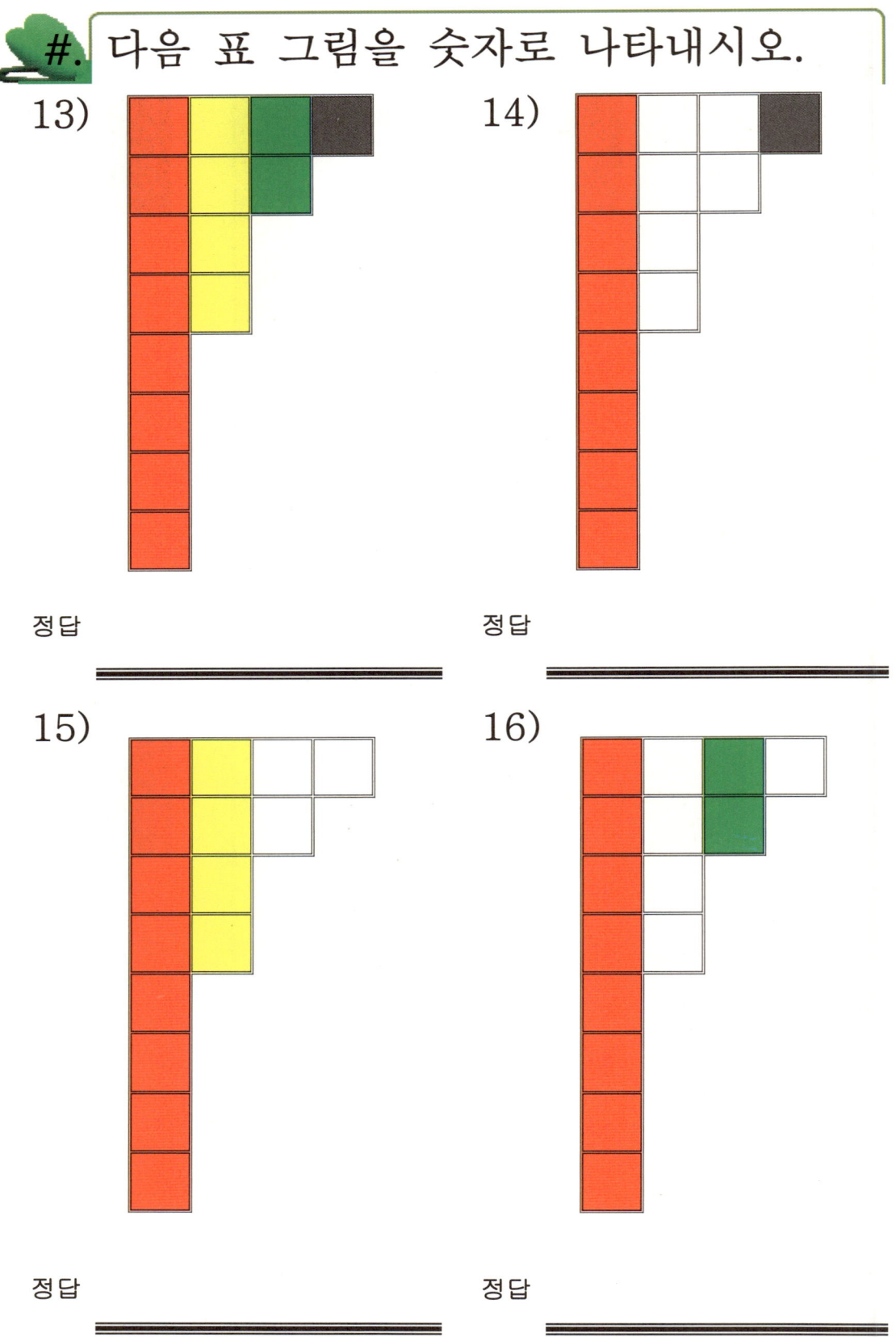

13)

정답 _____

14)

정답 _____

15)

정답 _____

16)

정답 _____

# #. 다음 표 그림을 숫자로 나타내시오.

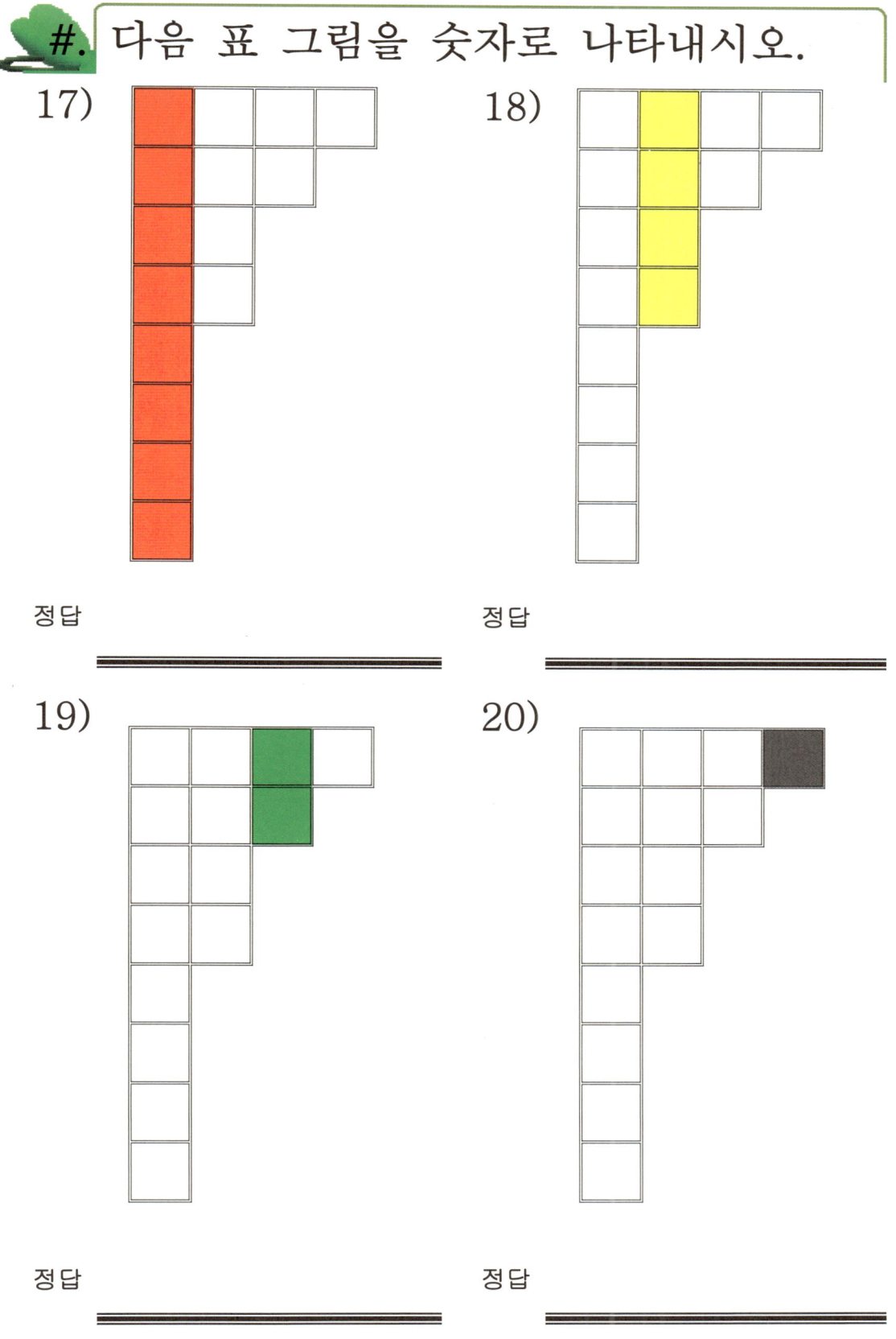

17)

정답

18)

정답

19)

정답

20)

정답

#. 다음 표 그림을 숫자로 나타내시오.

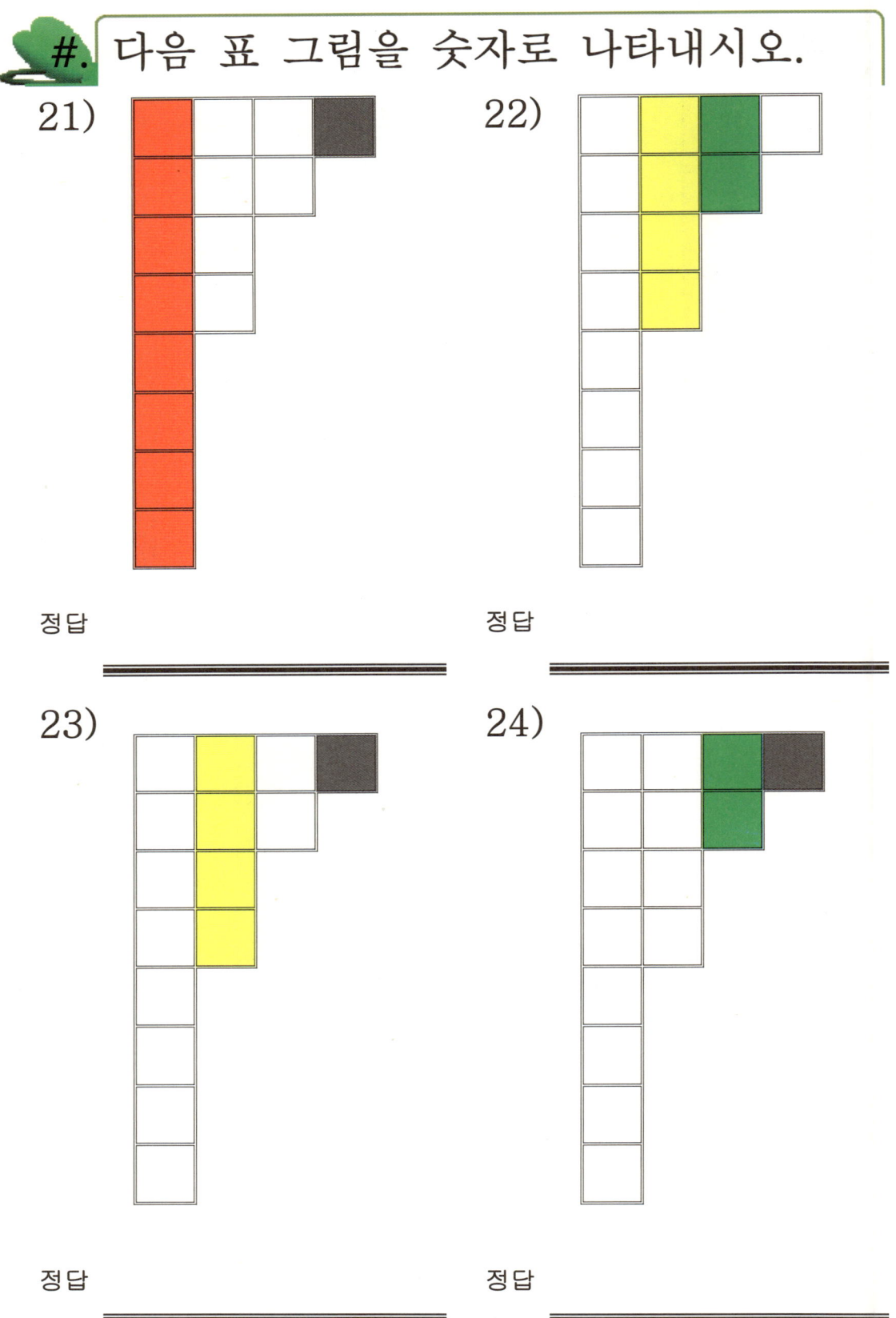

21)

정답 _____

22)

정답 _____

23)

정답 _____

24)

정답 _____

#. 다음 표 그림을 숫자로 나타내시오.

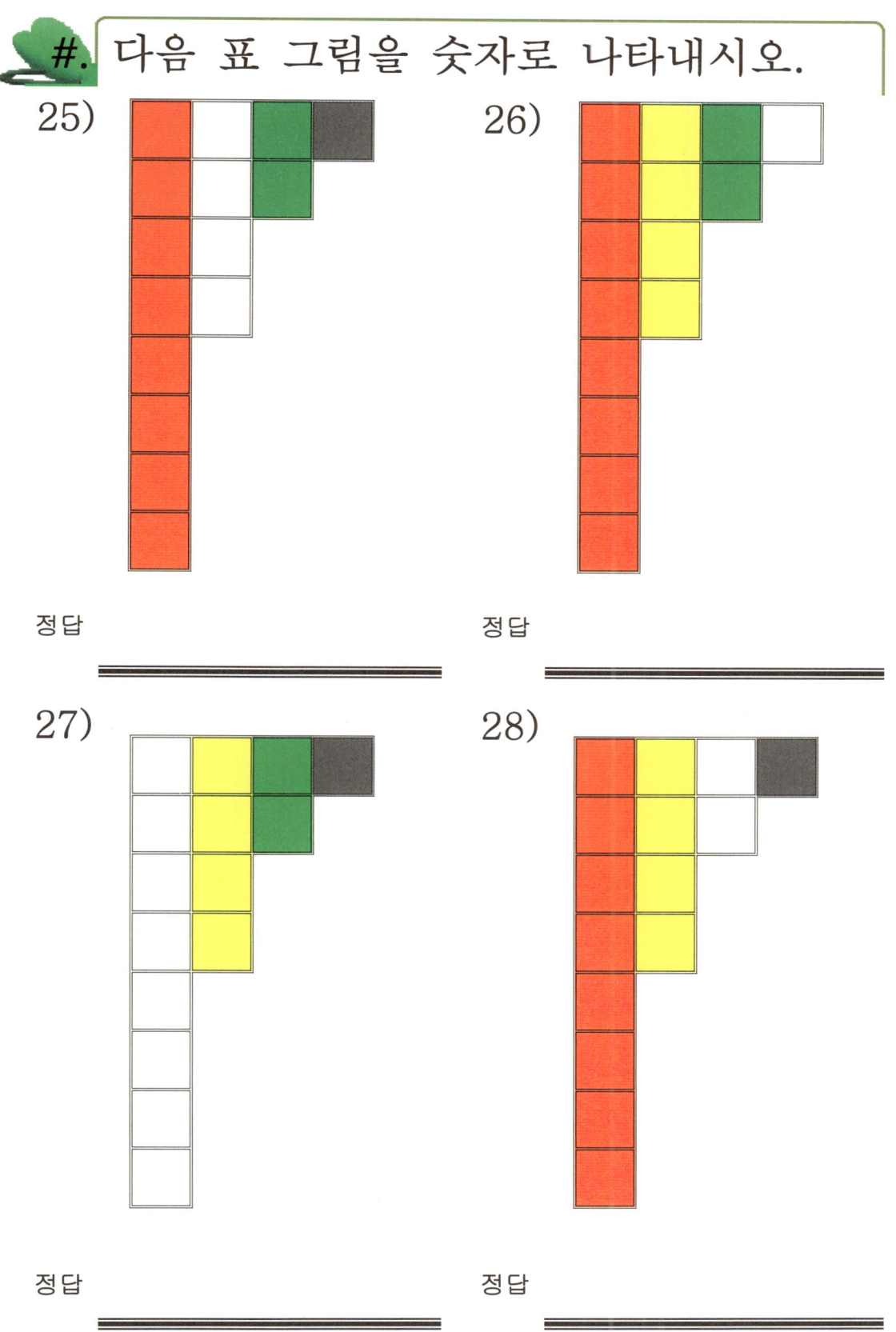

25) 정답 _____

26) 정답 _____

27) 정답 _____

28) 정답 _____

# #. 다음 표 그림을 숫자로 나타내시오.

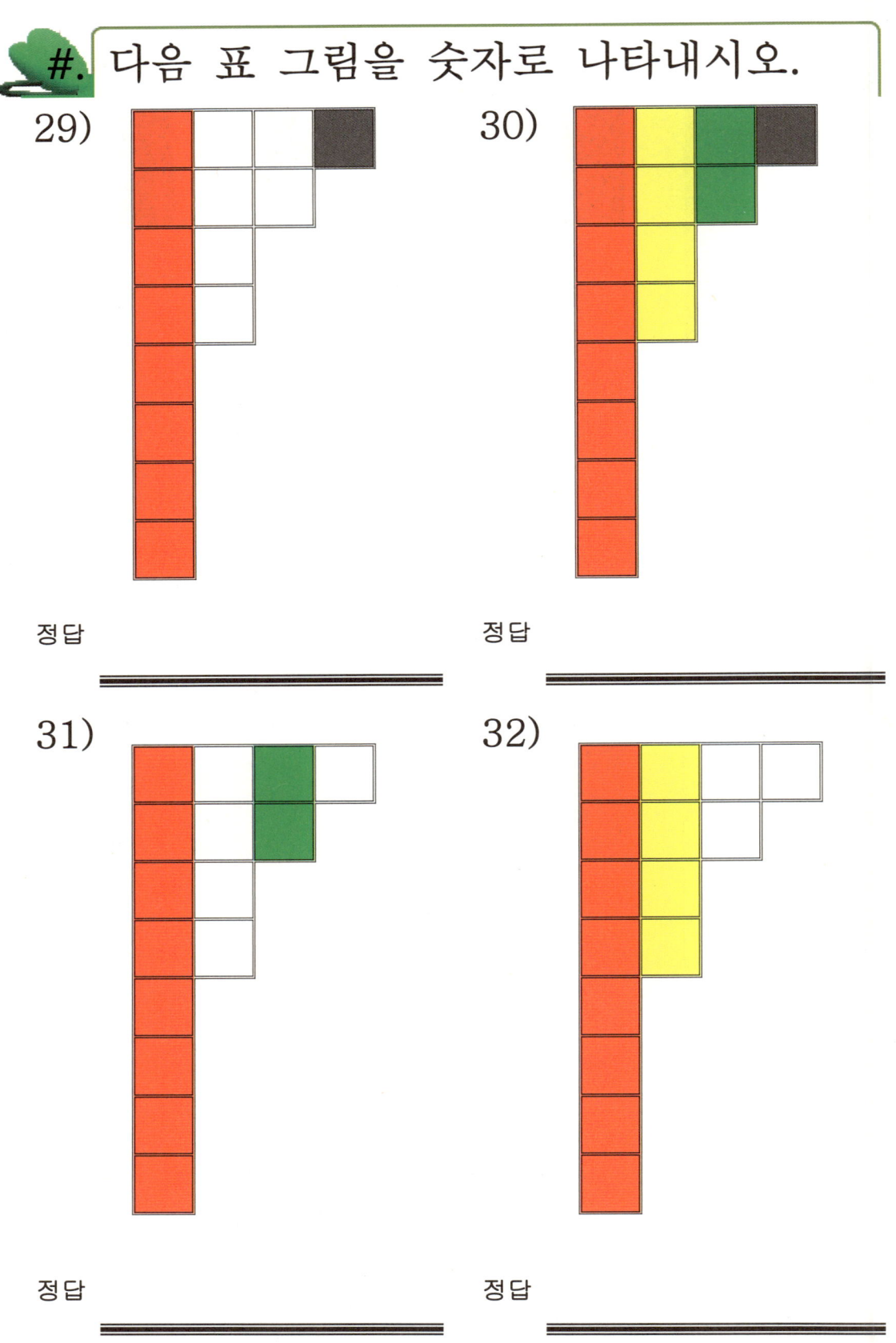

29)

정답 _____

30)

정답 _____

31)

정답 _____

32)

정답 _____

## 2. 숫자를 보고 숫자가 표시되지 않은 표 그림 색칠하기

### 학습 방법

방법1

주어진 숫자를 1, 2, 4, 8 의 합으로 분리하여 색칠합니다.

방법2

먼저 각 세로 열의 칸 개수가 문제에 주어진 숫자와의 차이가 가장 적은 세로 열을 찾아서 그 아래 열을 모두 색칠합니다.
(주어진 숫자보다 바로 작은 숫자를 찾습니다.)

색칠하고 남은 숫자를 같은 방법으로 반복해서 계속 색칠합니다.

### 학습 효과

대소 관계를 표의 칸 개수로 시각적, 능동적으로 학습합니다.

숫자가 없는 표에서 학습하면서 시각적 정보와 사고적 숫자의 기능을 연결하여 사고 연습을 학습합니다.

chapter Ⅱ  2. 숫자를 보고 숫자가 표시되지 않은 표 그림 색칠하기

정답 및 풀이 187쪽~

 **다음 숫자를 표 그림으로 나타내시오.**

예1  숫자 5

풀이

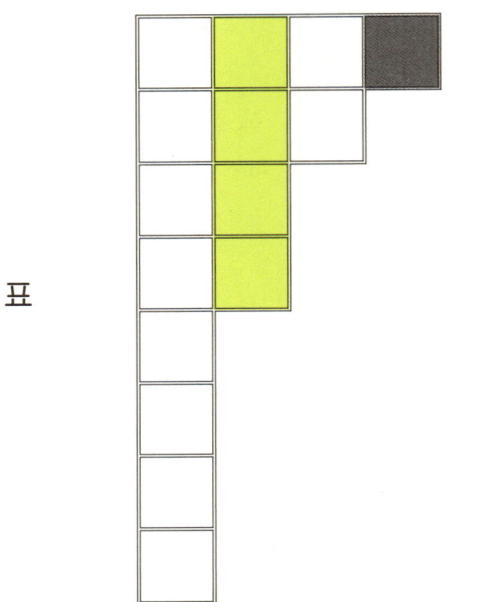

⇨ 먼저 세로줄의 칸 개수를 세어서 기억하고 5보다 작은 숫자 중에서 차이가 가장 적은 세로 열을 찾아서 그 아래 열을 모두 색칠합니다.
색칠하고 남은 숫자를 같은 방법으로 반복해서 계속 색칠합니다.

5 = 4 + 1

예2  숫자 6

풀이

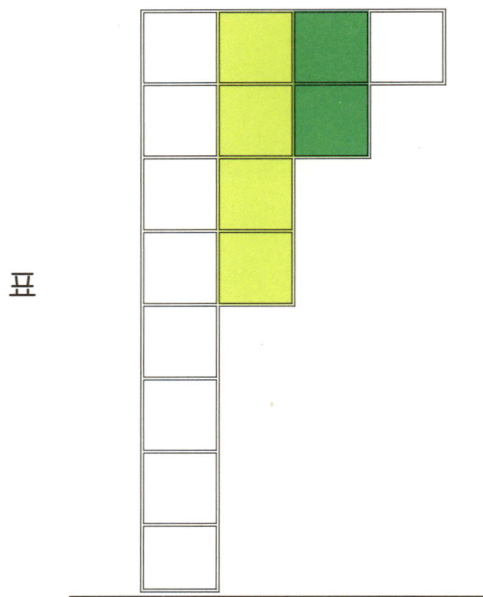

⇨ 먼저 세로줄의 칸 개수를 세어서 기억하고 6보다 작은 숫자 중에서 차이가 가장 적은 세로 열을 찾아서 그 아래 열을 모두 색칠합니다.
색칠하고 남은 숫자를 같은 방법으로 반복해서 계속 색칠합니다.

6 = 4 + 2

- 56 -

 다음 숫자를 표 그림으로 나타내시오.

33) 숫자 9

표

34) 숫자 1

표

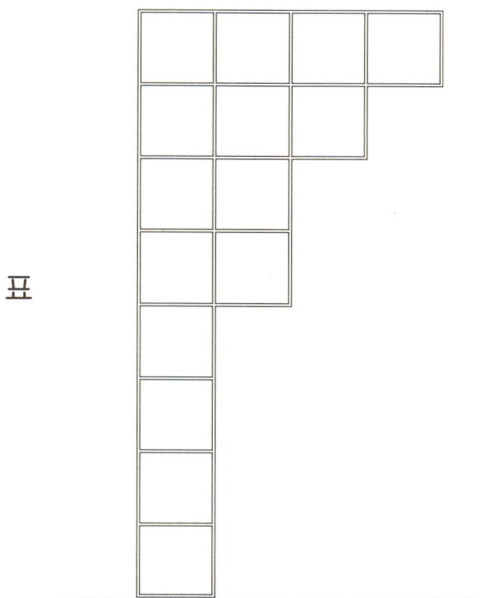

35) 숫자 4

표

36) 숫자 2

표

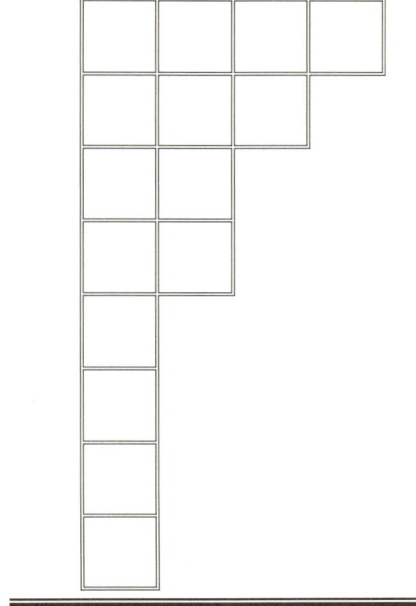

 **다음 숫자를 표 그림으로 나타내시오.**

37) 숫자 10

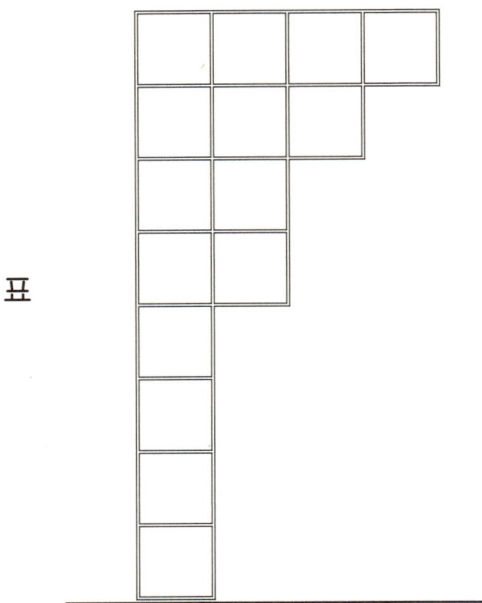

표

38) 숫자 12

표

39) 숫자 5

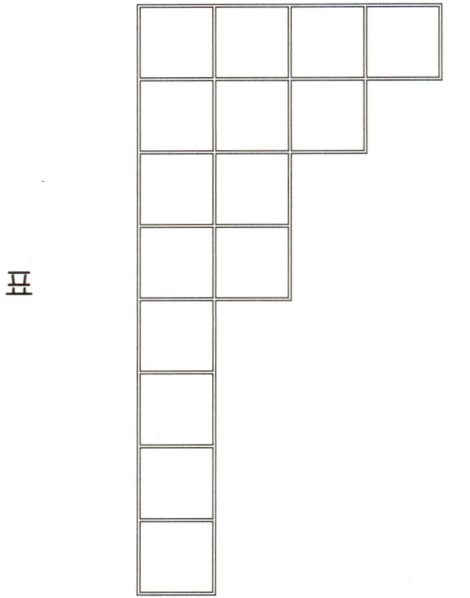

표

40) 숫자 3

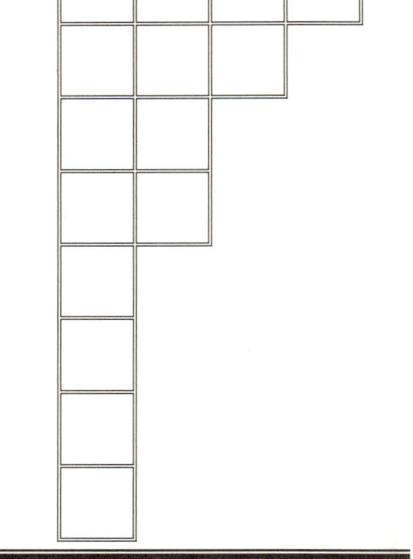

표

 **다음 숫자를 표 그림으로 나타내시오.**

41) 숫자 15      42) 숫자 11

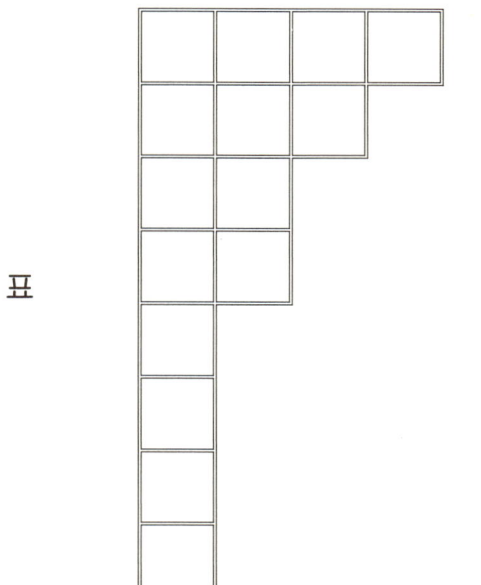

43) 숫자 7      44) 숫자 6

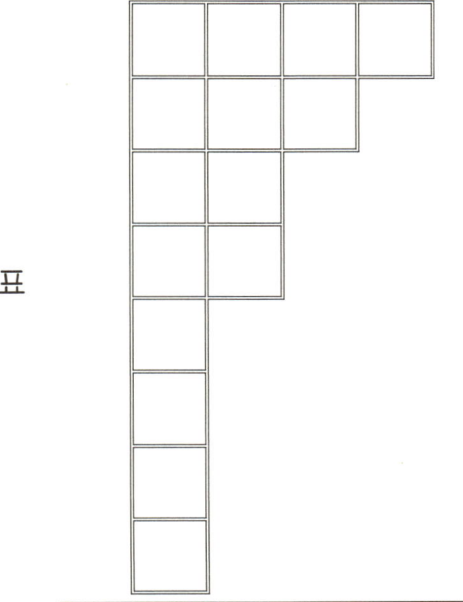      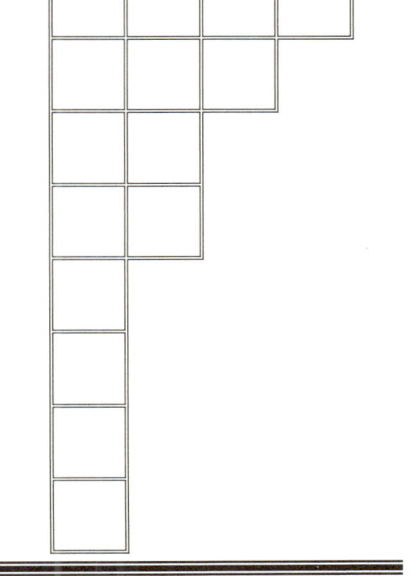

 다음 숫자를 표 그림으로 나타내시오.

45) 숫자 13

46) 숫자 12

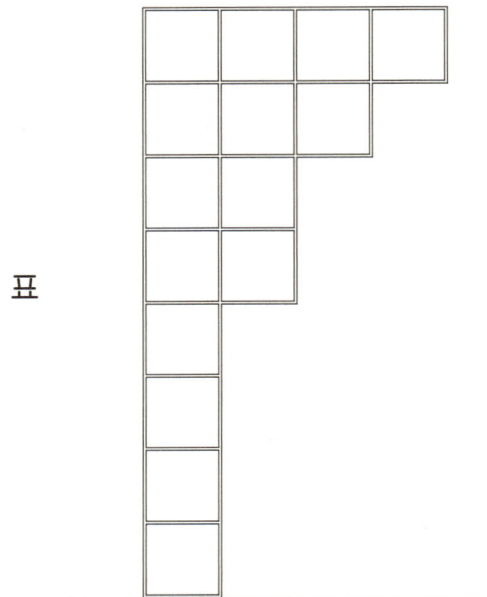

표

표

47) 숫자 8

48) 숫자 4

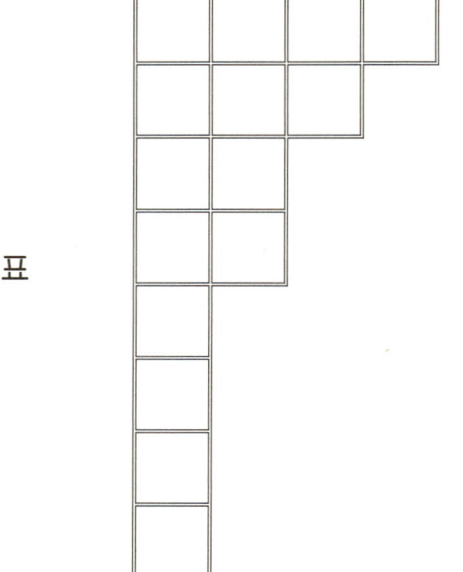

표

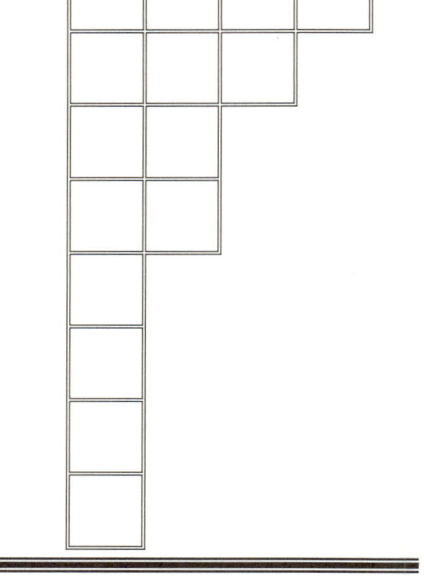

표

 다음 숫자를 표 그림으로 나타내시오.

49) 숫자 1

50) 숫자 9

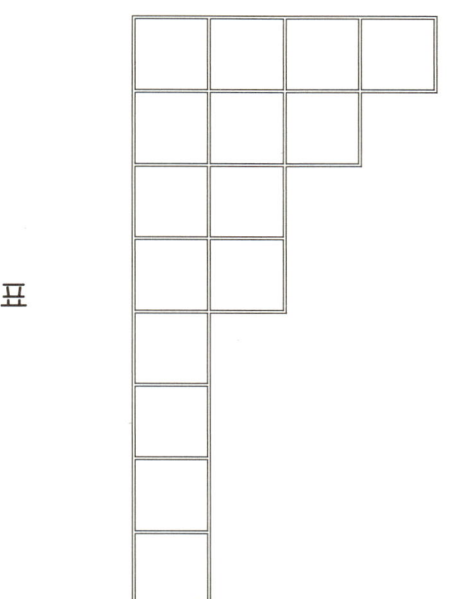

표

51) 숫자 2

52) 숫자 4

표

 **다음 숫자를 표 그림으로 나타내시오.**

53) 숫자 14

54) 숫자 10

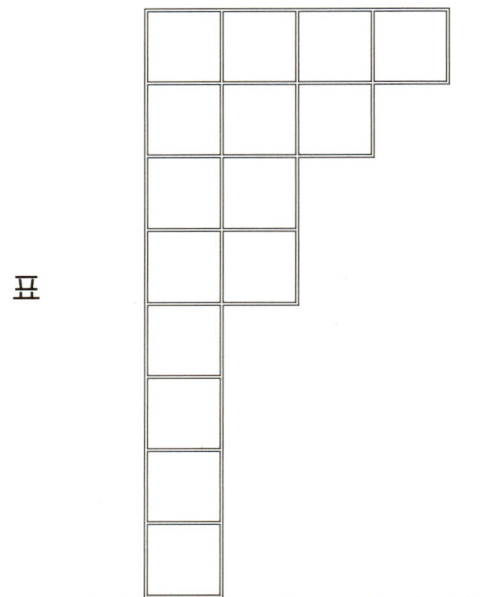

표

표

55) 숫자 3

56) 숫자 5

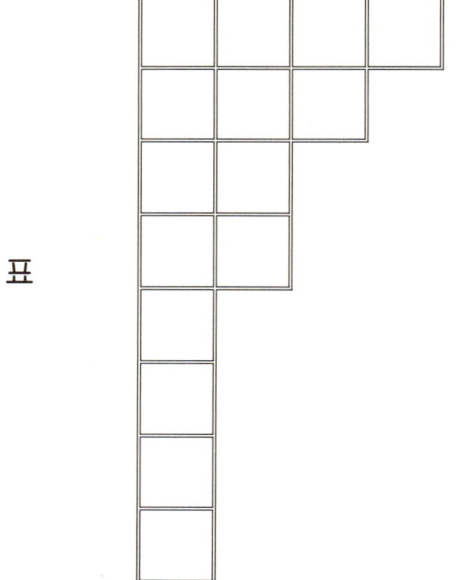

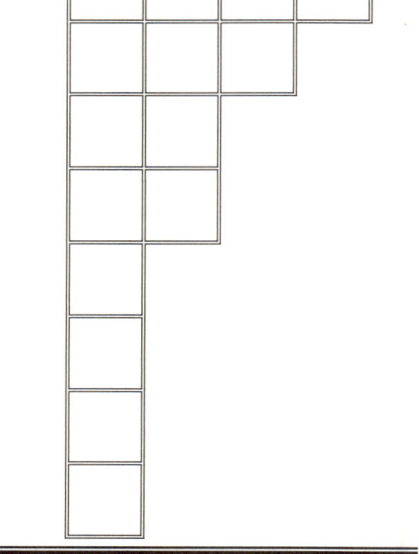

표

표

## 다음 숫자를 표 그림으로 나타내시오.

57) 숫자 11

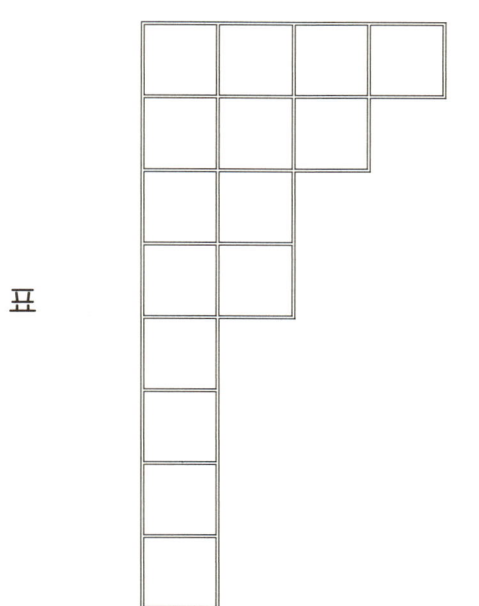

58) 숫자 15

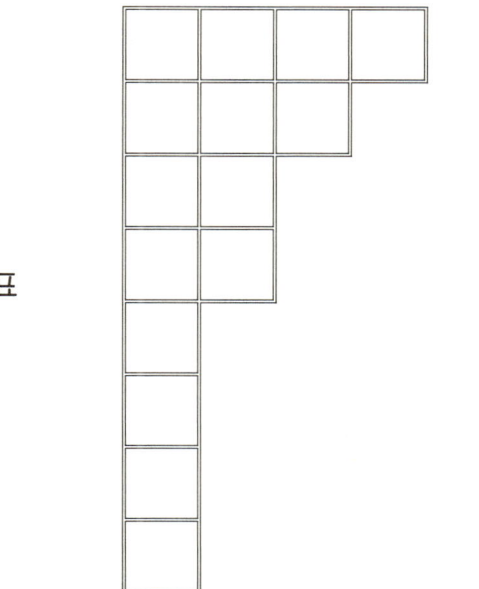

59) 숫자 6

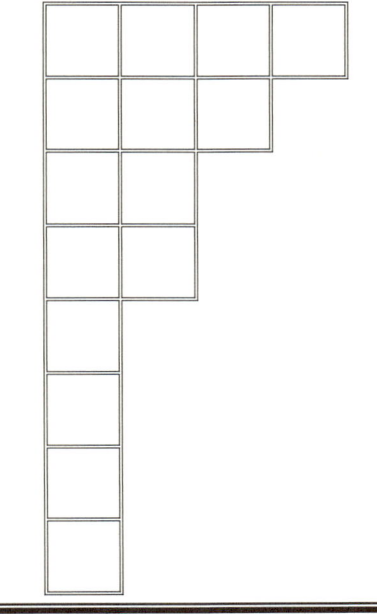

60) 숫자 7

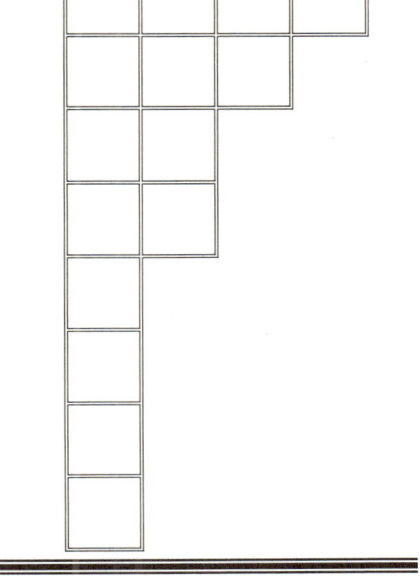

 다음 숫자를 표 그림으로 나타내시오.

61) 숫자 12

표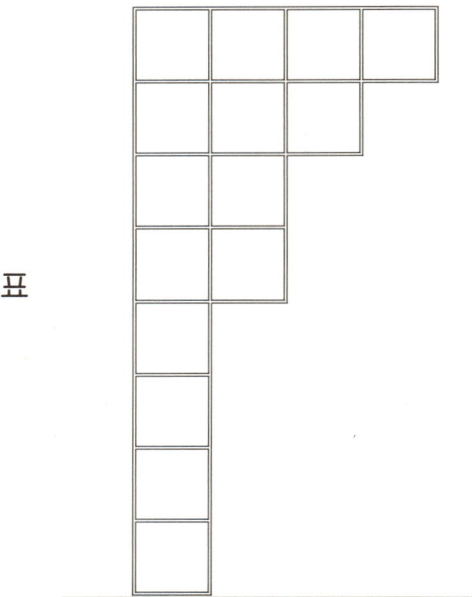

62) 숫자 13

표

63) 숫자 4

표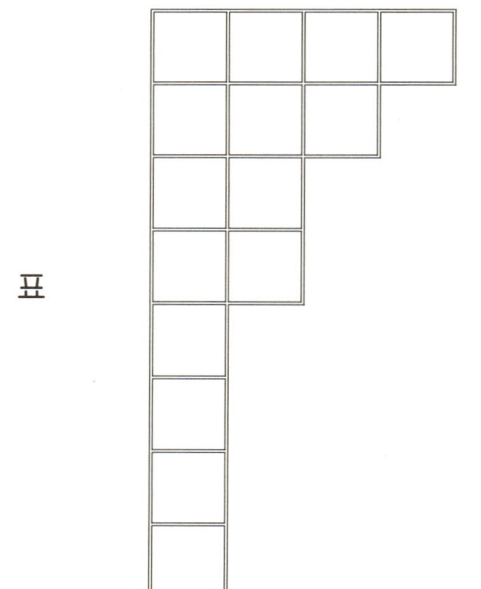

64) 숫자 8

표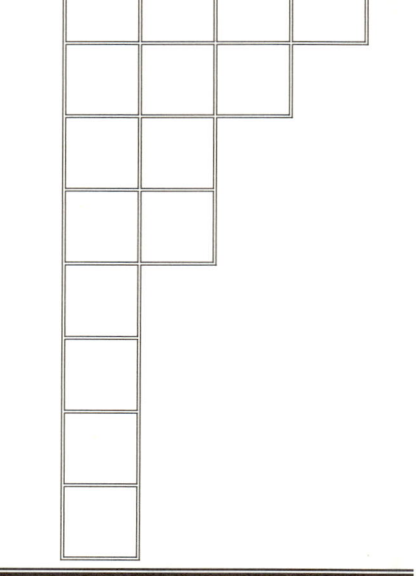

## chapter Ⅲ.
### 숫자가 표시된 코드표 확인하기

1. 그림을 보고 개수를 세어 숫자가 표시된 코드표 색칠하기

**색칠 방법**

1단계:
그림을 보고 개수를 세어 보세요.

2단계:
숫자는 1, 2, 3, 4, 5, 6, 7, 8, 9, 10, 11, 12, 13, 14, 15에 해당되는 숫자들이고, 그 숫자를 1, 2, 4, 8의 숫자들의 합으로 표현하여서 그 숫자에 해당하는 칸을 모두 칠하세요.

(문제는 색깔로 구분하지 않고 하나의 색으로 표현 하였습니다.)

**학습 효과**

숫자를 세어 보는 연습을 통해서 숫자의 본질인 카운팅을 연습합니다.

숫자를 특정한 숫자의 합으로 표현하면서 덧셈의 원리를 직관적으로 이해합니다.

앞쪽에서 학습한 그림에서 칸의 개수를 시각에서 제외함으로써 위치에 따라 숫자의 크기가 달라진다는 것은 생각하는 학습 효과가 있습니다.

## chapter Ⅲ  1. 그림을 보고 개수를 세어 숫자가 표시된 코드표 색칠하기

정답 및 풀이 191쪽~

 **다음 그림을 코드표에 색칠하시오.**

예1

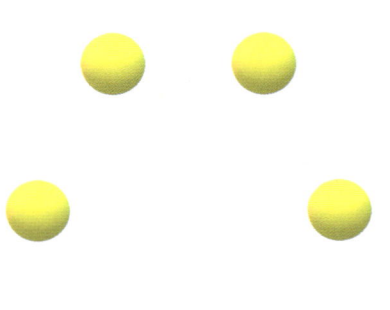

정답  왼쪽 그림에서 개수를 세어서 기억하고 그 숫자보다 작은 숫자 중에서 차이가 가장 적은 칸을 색칠하고 남은 숫자를 같은 방법으로 반복해서 색칠 합니다.

| 8 | 4 | 2 | 1 |

예2

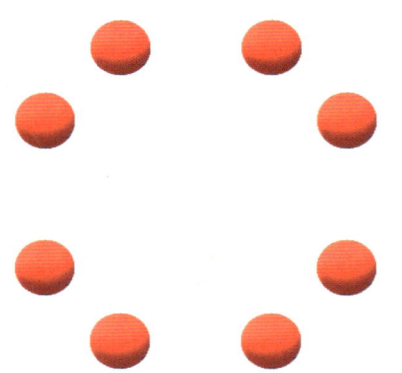

정답  왼쪽 그림에서 개수를 세어서 기억하고 그 숫자보다 작은 숫자 중에서 차이가 가장 적은 칸을 색칠하고 남은 숫자를 같은 방법으로 반복해서 색칠 합니다.

| 8 | 4 | 2 | 1 |

chapter Ⅲ   1. 그림을 보고 개수를 세어 숫자가 표시된 코드표 색칠하기

 다음 그림을 코드표에 색칠하시오.

1)

    정답 | 8 | 4 | 2 | 1 |
|---|---|---|---|

2)

- 67 -

 **다음 그림을 코드표에 색칠하시오.**

3)

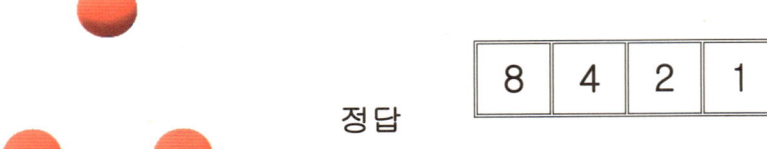

4)

 #. 다음 그림을 코드표에 색칠하시오.

5)

6)

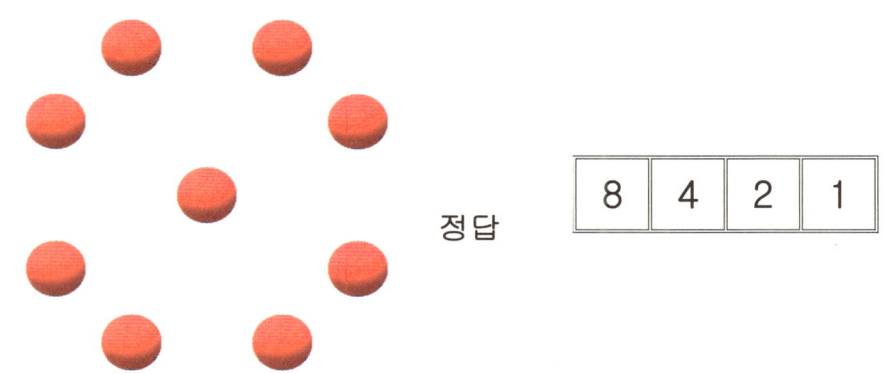

 **다음 그림을 코드표에 색칠하시오.**

7)

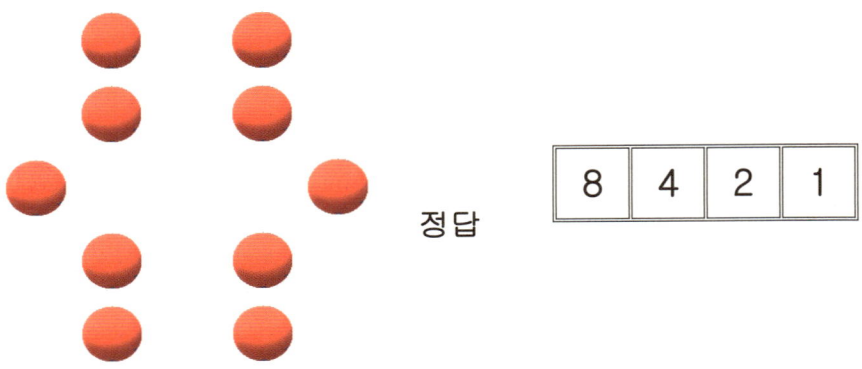

8)

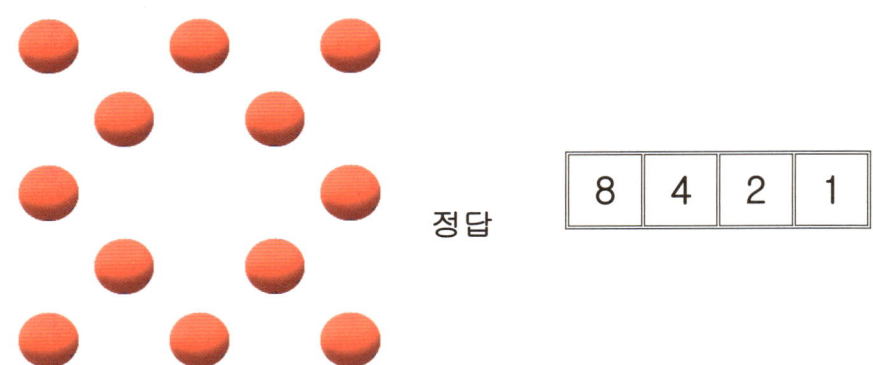

 다음 그림을 코드표에 색칠하시오.

9)

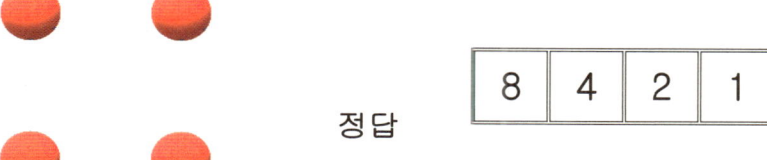

10)

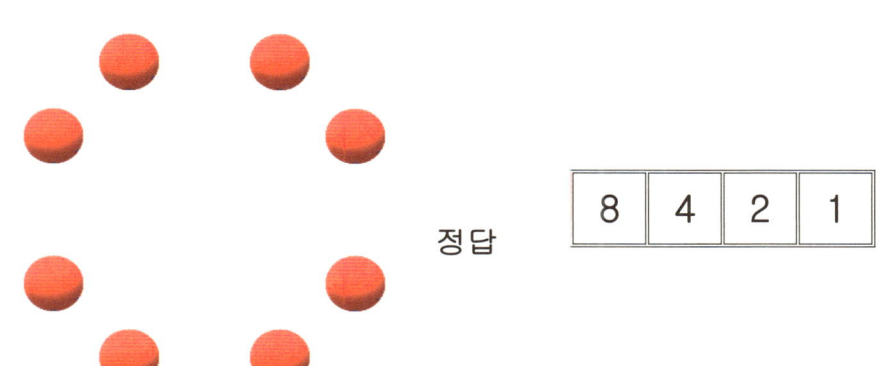

 다음 그림을 코드표에 색칠하시오.

11)

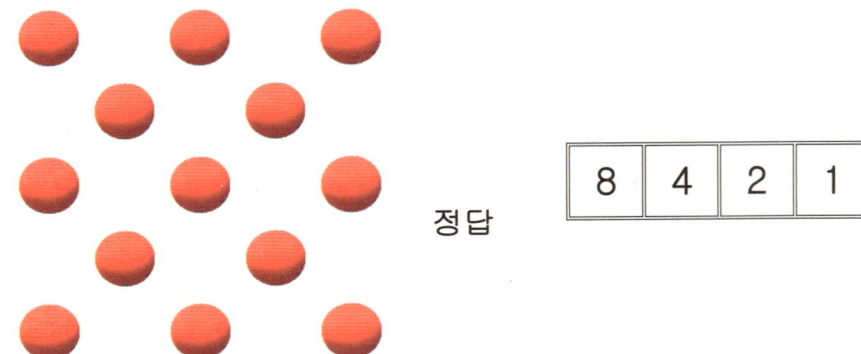

정답  | 8 | 4 | 2 | 1 |

12)

정답  | 8 | 4 | 2 | 1 |

 **다음 그림을 코드표에 색칠하시오.**

13)

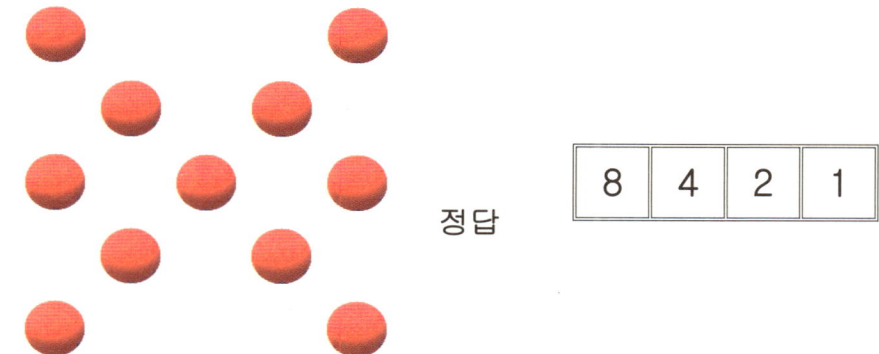

14)

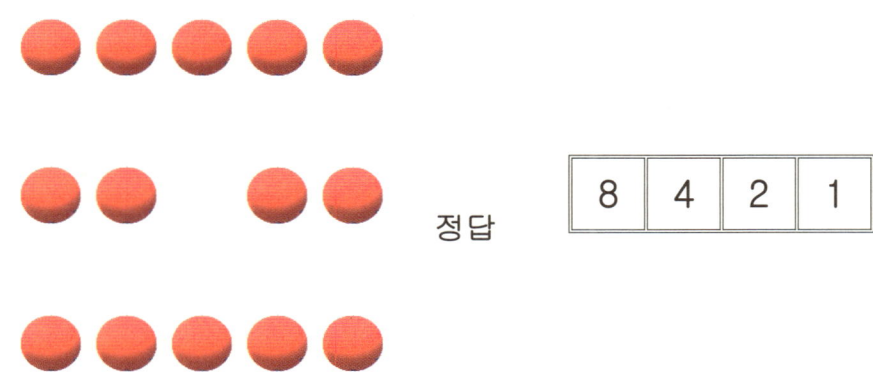

 다음 그림을 코드표에 색칠하시오.

15)

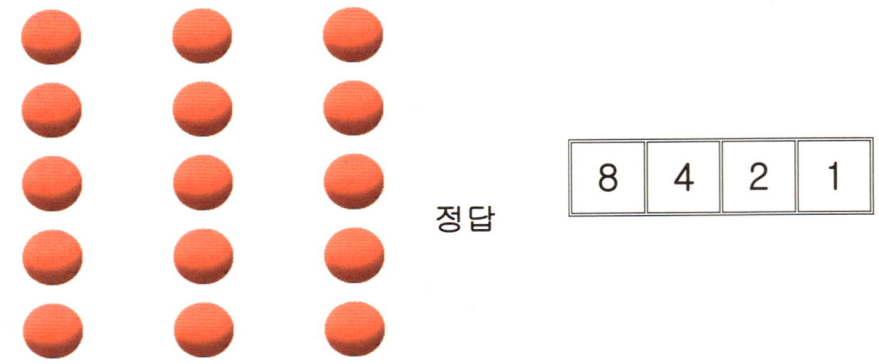

16)

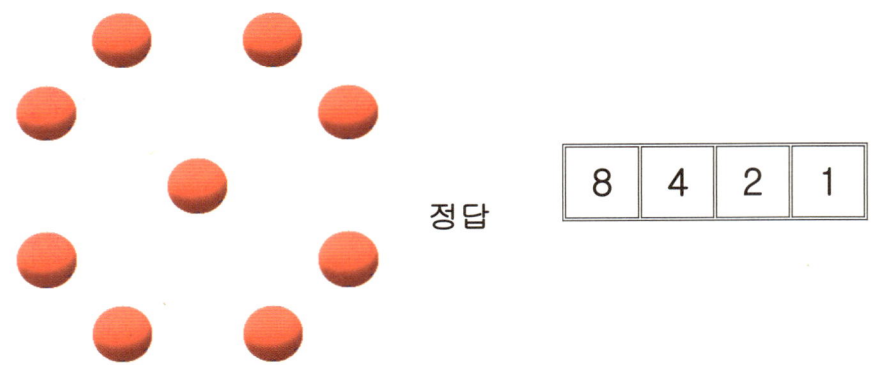

## 2. 숫자가 표시된 코드표 보고 숫자로 표현하기

**학습 방법**

1단계:
색칠되어진 칸에 적힌 숫자들을 나열 하세요.

2단계:
적힌 숫자들을 합하세요.

3단계:
오른쪽에서 왼쪽으로 갈수록 칸이 나타내는 숫자의 크기가 다르다는 것을 생각하면서 문제를 풀어 보세요.

**학습 효과**

덧셈을 연습하는 효과가 있습니다.

위치에 따라서 나타내어지는 숫자의 크기는 약속을 통해서 정할 수 있다는 것을 무의식적으로 학습하는 효과가 있습니다.

숫자의 표기법인 위치적 기수법의 개념을 이해하고 사고하는데 도움을 줍니다.

chapter Ⅲ    2. 숫자가 표시된 코드표 보고 숫자로 표현하기

정답 및 풀이 191쪽~

# 다음 코드표를 숫자로 나타내시오.

예1       예2 | 8 | 4 | 2 | 1 |

합    4 + 2 + 1 = 7     합    8 + 1 = 9

정답    7     정답    9

17) | 8 | 4 | 2 | 1 |     18)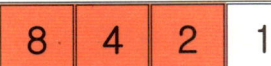

합     합

정답     정답

19)      20)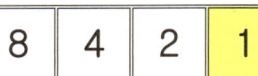

합     합

정답     정답

# 다음 코드표를 숫자로 나타내시오.

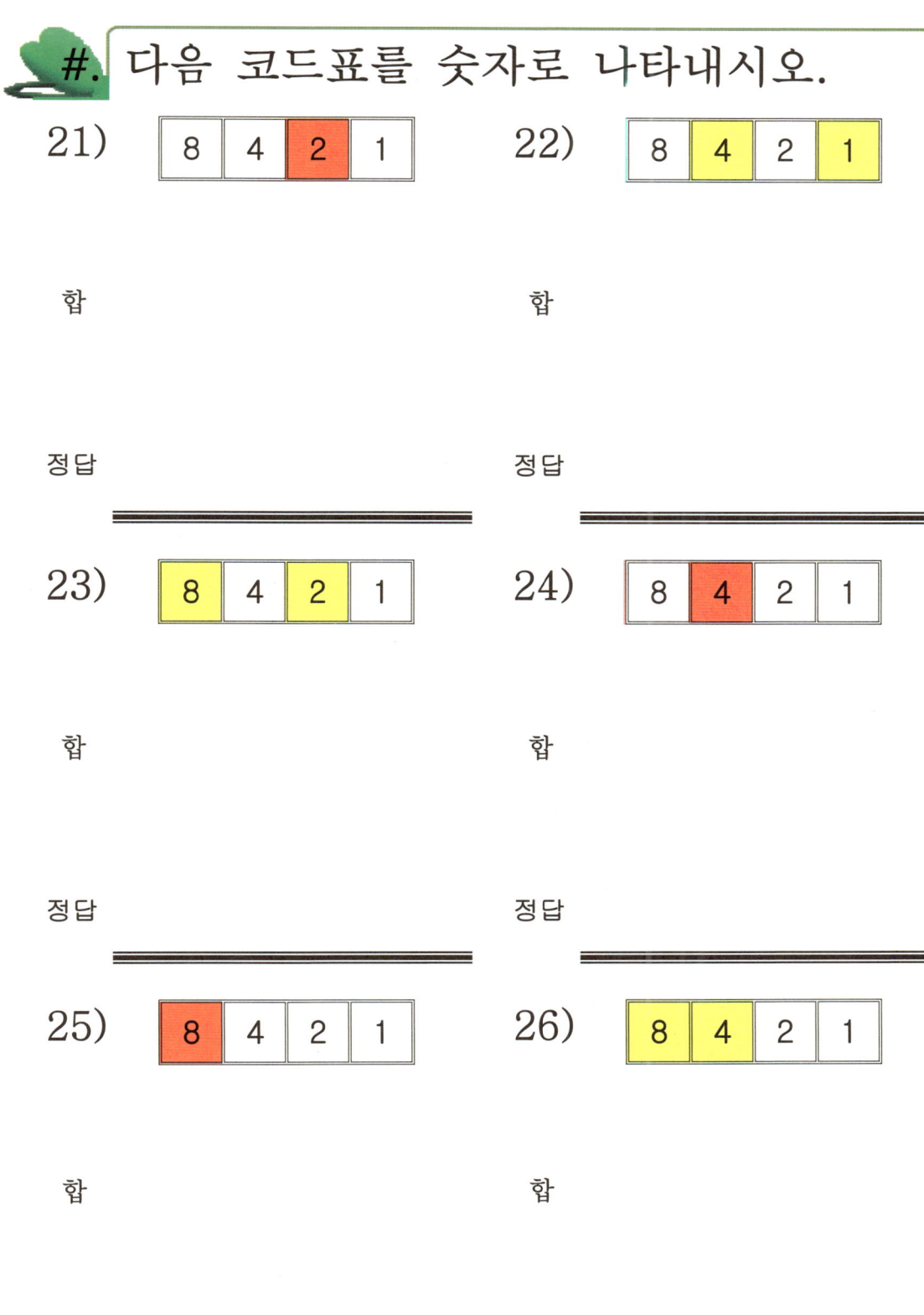

# 다음 코드표를 숫자로 나타내시오.

27) | 8 | 4 | **2** | **1** |

합

정답 _____

28) | 8 | **4** | **2** | 1 |

합

정답 _____

29) | **8** | **4** | 2 | 1 |

합

정답 _____

30) | **8** | **4** | 2 | **1** |

합

정답 _____

31) | **8** | **4** | **2** | **1** |

합

정답 _____

32) | **8** | 4 | 2 | **1** |

합

정답 _____

# #. 다음 코드표를 숫자로 나타내시오.

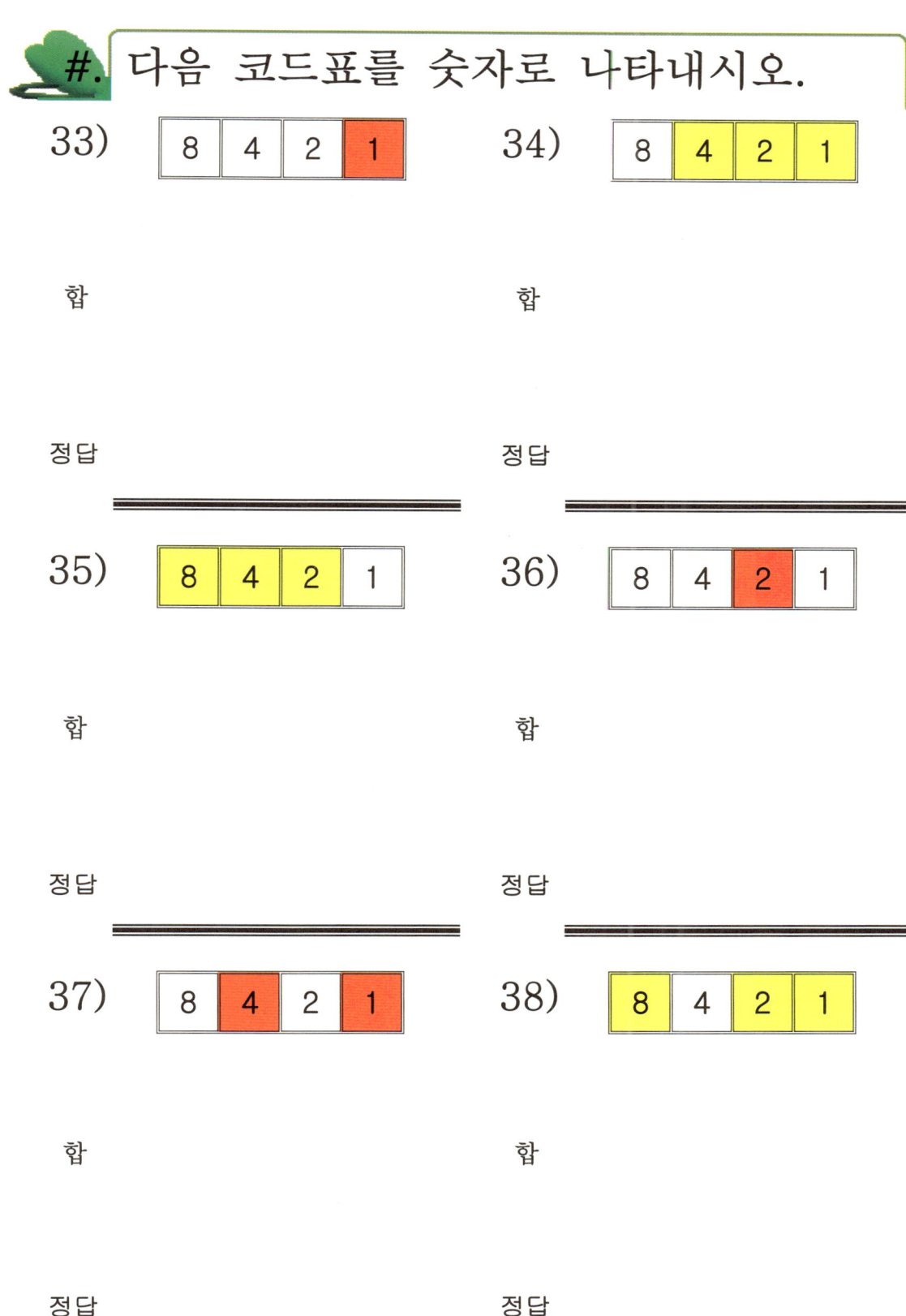

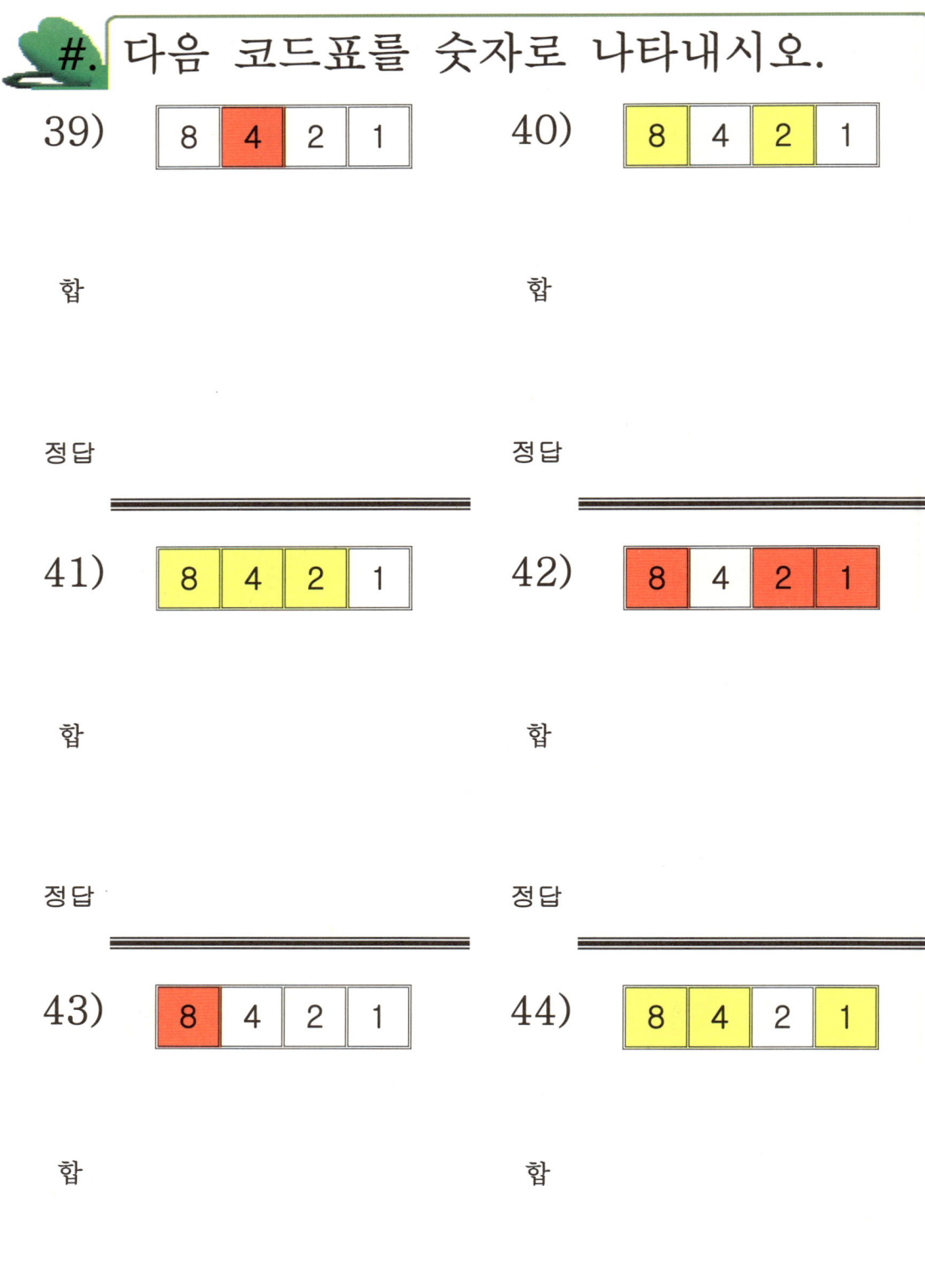

#. 다음 코드표를 숫자로 나타내시오.

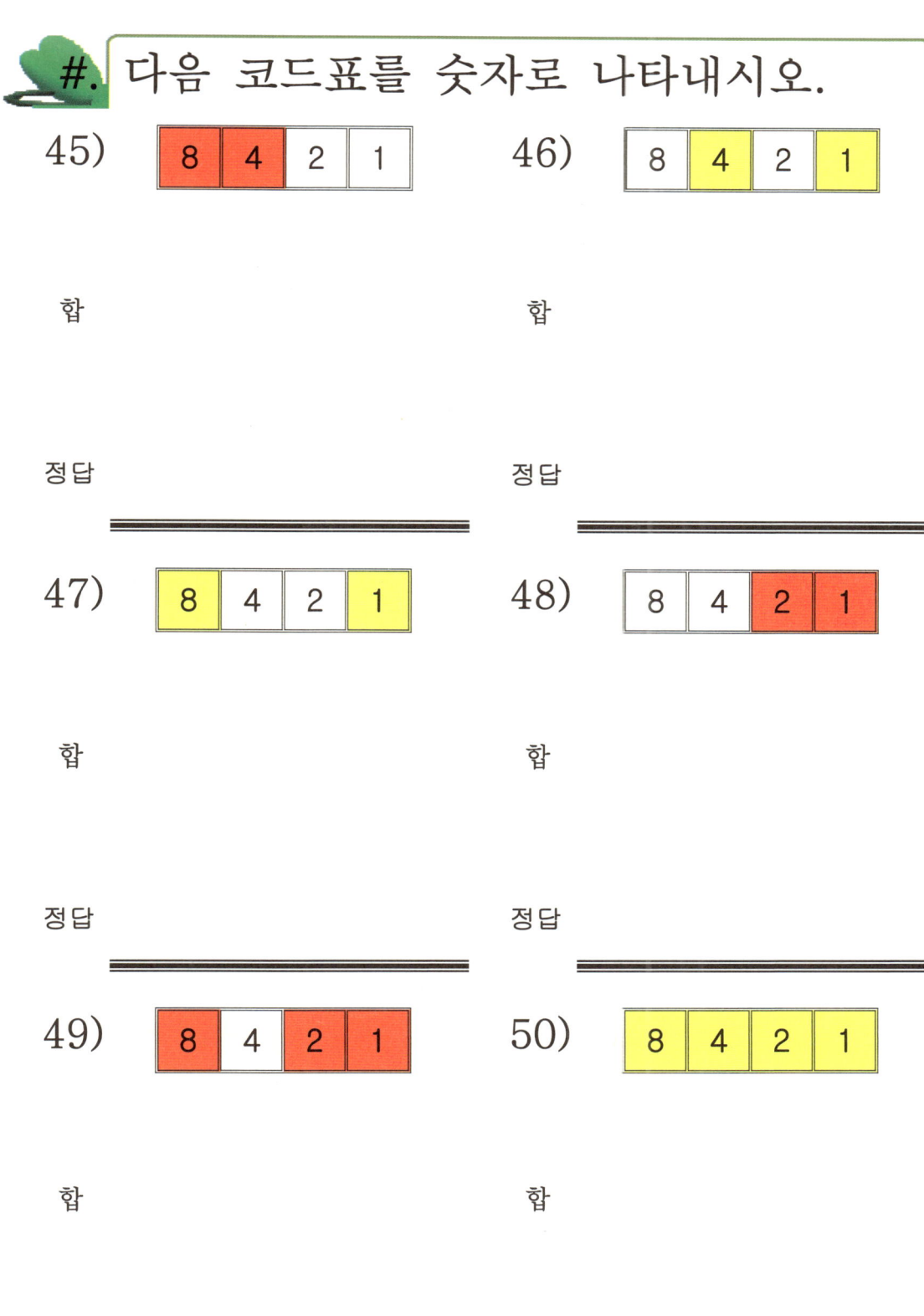

45) 합

정답 _____

46) 합

정답 _____

47) 합

정답 _____

48) 합

정답 _____

49) 합

정답 _____

50) 합

정답 _____

chapter Ⅲ  2. 숫자가 표시된 코드표 보고 숫자로 표현하기

# 다음 코드표를 숫자로 나타내시오.

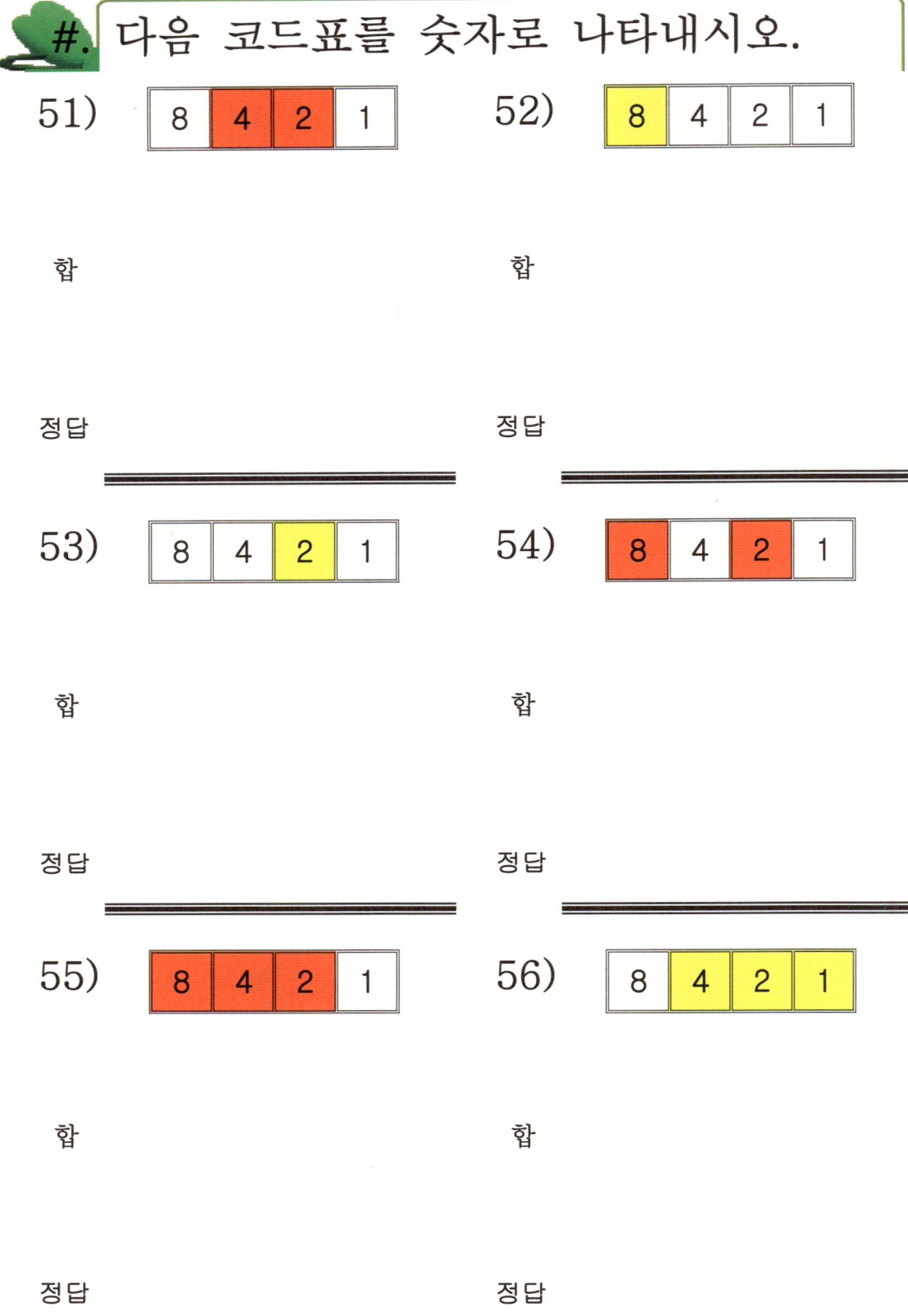

## 3. 숫자를 보고 숫자가 표시된 코드표 색칠하기

**학습 방법**

1단계:
주어진 숫자를 1, 2, 4, 8의 합으로 분할하여 표시 하세요.

2단계:
분할되어진 숫자에 해당하는 칸을 색칠하세요.

**학습 효과**

숫자의 분할을 연습할 수 있습니다.

위치가 나타내는 숫자의 크기를 학습할 수 있습니다.

위치적 기수법의 사고를 코드표 그림을 통해서 직관적으로 형성시킬 수 있습니다.

chapter III  3. 숫자를 보고 숫자가 표시된 코드표 색칠하기

정답 및 풀이 194쪽

 **다음 숫자를 코드표에 색칠하시오.**

예1  숫자 6                        예2  숫자 10

숫자
분할     6 = 4 + 2              숫자
                                 분할    10 = 8 + 2

정답  | 8 | 4 | 2 | 1 |          정답  | 8 | 4 | 2 | 1 |

예3  숫자 7                        예4  숫자 11

숫자
분할     7 = 4 + 2 + 1          숫자
                                 분할    11 = 8 + 2 + 1

정답  | 8 | 4 | 2 | 1 |          정답  | 8 | 4 | 2 | 1 |

57) 숫자 5                         58) 숫자 9

숫자                               숫자
분할                               분할

정답  | 8 | 4 | 2 | 1 |          정답  | 8 | 4 | 2 | 1 |

chapter Ⅲ  3. 숫자를 보고 숫자가 표시된 코드표 색칠하기

 **#.** 다음 숫자를 코드표에 색칠하시오.

59) 숫자 3

숫자
분할

정답 | 8 | 4 | 2 | 1 |

60) 숫자 4

숫자
분할

정답 | 8 | 4 | 2 | 1 |

61) 숫자 12

숫자
분할

정답 | 8 | 4 | 2 | 1 |

62) 숫자 8

숫자
분할

정답 | 8 | 4 | 2 | 1 |

63) 숫자 13

숫자
분할

정답 | 8 | 4 | 2 | 1 |

64) 숫자 10

숫자
분할

정답 | 8 | 4 | 2 | 1 |

 다음 숫자를 코드표에 색칠하시오.

65) 숫자 6

숫자
분할

정답 | 8 | 4 | 2 | 1 |

66) 숫자 5

숫자
분할

정답 | 8 | 4 | 2 | 1 |

67) 숫자 14

숫자
분할

정답 | 8 | 4 | 2 | 1 |

68) 숫자 7

숫자
분할

정답 | 8 | 4 | 2 | 1 |

69) 숫자 9

숫자
분할

정답 | 8 | 4 | 2 | 1 |

70) 숫자 15

숫자
분할

정답 | 8 | 4 | 2 | 1 |

chapter Ⅲ　3. 숫자를 보고 숫자가 표시된 코드표 색칠하기

 **#. 다음 숫자를 코드표에 색칠하시오.**

71) 숫자 11

숫자
분할

정답 | 8 | 4 | 2 | 1 |

72) 숫자 1

숫자
분할

정답 | 8 | 4 | 2 | 1 |

73) 숫자 4

숫자
분할

정답 | 8 | 4 | 2 | 1 |

74) 숫자 6

숫자
분할

정답 | 8 | 4 | 2 | 1 |

75) 숫자 10

숫자
분할

정답 | 8 | 4 | 2 | 1 |

76) 숫자 13

숫자
분할

정답 | 8 | 4 | 2 | 1 |

 다음 숫자를 코드표에 색칠하시오.

77) 숫자 8

숫자
분할

| 정답 | 8 | 4 | 2 | 1 |

78) 숫자 3

숫자
분할

| 정답 | 8 | 4 | 2 | 1 |

79) 숫자 5

숫자
분할

| 정답 | 8 | 4 | 2 | 1 |

80) 숫자 12

숫자
분할

| 정답 | 8 | 4 | 2 | 1 |

81) 숫자 7

숫자
분할

| 정답 | 8 | 4 | 2 | 1 |

82) 숫자 2

숫자
분할

| 정답 | 8 | 4 | 2 | 1 |

 **다음 숫자를 코드표에 색칠하시오.**

83) 숫자 14

숫자
분할

정답 | 8 | 4 | 2 | 1 |

84) 숫자 6

숫자
분할

정답 | 8 | 4 | 2 | 1 |

85) 숫자 1

숫자
분할

정답 | 8 | 4 | 2 | 1 |

86) 숫자 11

숫자
분할

정답 | 8 | 4 | 2 | 1 |

87) 숫자 9

숫자
분할

정답 | 8 | 4 | 2 | 1 |

88) 숫자 15

숫자
분할

정답 | 8 | 4 | 2 | 1 |

 **다음 숫자를 코드표에 색칠하시오.**

89) 숫자 13

숫자
분할

정답 | 8 | 4 | 2 | 1 |

90) 숫자 14

숫자
분할

정답 | 8 | 4 | 2 | 1 |

91) 숫자 7

숫자
분할

정답 | 8 | 4 | 2 | 1 |

92) 숫자 2

숫자
분할

정답 | 8 | 4 | 2 | 1 |

93) 숫자 10

숫자
분할

정답 | 8 | 4 | 2 | 1 |

94) 숫자 4

숫자
분할

정답 | 8 | 4 | 2 | 1 |

# chapter Ⅳ.
## 숫자가 표시되지 않은 코드표 확인하기

### 1. 숫자가 표시되지 않은 코드표 보고 숫자로 표현하기

**학습 방법**

숫자가 적혀 있지 않아도 왼쪽에서 오른쪽으로 갈수록 8, 4, 2, 1이 적혀 있는 것으로 생각하면서 색칠되어져 있는 칸의 숫자를 모두 적어서 합을 구하세요.

**학습 효과**

숫자가 기입되는 위치에 따른 크기의 규칙성이 있다는 것을 학습할 수 있습니다.

이진코드의 원리를 직관적으로 학습할 수 있습니다.

이진코드와 숫자 사이의 연결 고리를 합으로 이해할 수 있습니다.

chapter Ⅳ    1. 숫자가 표시되지 않은 코드표 보고 숫자로 표현하기

정답 및 풀이 196쪽~

## 다음 코드표를 숫자로 나타내시오.

예1     예2

합　　8 + 1 = 9　　　　　합　　4 + 2 = 6

정답　　　9　　　　　　　정답　　　6

예3     예4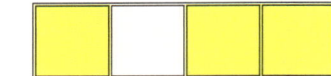

합　　4 + 2 + 1 = 7　　　합　　8 + 2 + 1 = 11

정답　　　7　　　　　　　정답　　　11

1)     2)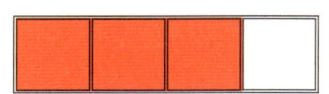

합　　　　　　　　　　　합

정답　　　　　　　　　　정답

chapter IV  1. 숫자가 표시되지 않은 코드표 보고 숫자로 표현하기

**#. 다음 코드표를 숫자로 나타내시오.**

3) [노랑][노랑][ ][노랑]

합

정답 _____

4) [ ][ ][빨강][빨강]

합

정답 _____

5) [ ][빨강][빨강][ ]

합

정답 _____

6) [노랑][노랑][ ][ ]

합

정답 _____

7) [노랑][노랑][노랑][노랑]

합

정답 _____

8) [빨강][ ][ ][빨강]

합

정답 _____

chapter IV   1. 숫자가 표시되지 않은 코드표 보고 숫자로 표현하기

**#. 다음 코드표를 숫자로 나타내시오.**

9) [🟨⬜⬜⬜]

합

정답 _____

10) [🟧🟧⬜⬜]

합

정답 _____

11) [⬜🟧⬜⬜]

합

정답 _____

12) [🟨⬜🟨⬜]

합

정답 _____

13) [⬜🟨⬜🟨]

합

정답 _____

14) [⬜⬜🟧⬜]

합

정답 _____

chapter Ⅳ   1. 숫자가 표시되지 않은 코드표 보고 숫자로 표현하기

**#. 다음 코드표를 숫자로 나타내시오.**

15) [ ][■][■][■]

합

정답
═══════

16) [ ][ ][ ][■]

합

정답
═══════

17) [■][■][■][ ]

합

정답
═══════

18) [■][ ][■][■]

합

정답
═══════

19) [ ][■][ ][■]

합

정답
═══════

20) [ ][ ][■][ ]

합

정답
═══════

chapter Ⅳ    1. 숫자가 표시되지 않은 코드표 보고 숫자로 표현하기

**#. 다음 코드표를 숫자로 나타내시오.**

21) [노랑][흰][노랑][흰]

합

정답 _____

22) [빨강][흰][흰][흰]

합

정답 _____

23) [빨강][흰][빨강][빨강]

합

정답 _____

24) [흰][노랑][흰][흰]

합

정답 _____

25) [노랑][노랑][흰][노랑]

합

정답 _____

26) [빨강][빨강][빨강][흰]

합

정답 _____

### #. 다음 코드표를 숫자로 나타내시오.

27) [ ][ ][yellow][yellow]   28) [red][ ][ ][red]

합                           합



정답 _____        정답 _____


29) [red][red][red][red]     30) [yellow][yellow][ ][ ]

합                           합



정답 _____        정답 _____


31) [ ][yellow][ ][yellow]   32) [red][ ][ ][ ]

합                           합



정답 _____        정답 _____

chapter Ⅳ   1. 숫자가 표시되지 않은 코드표 보고 숫자로 표현하기

#. 다음 코드표를 숫자로 나타내시오.

33) 

합

정답

34) 

합

정답

35) 

합

정답

36) 

합

정답

37) 

합

정답

38) 

합

정답

## 2. 숫자를 숫자가 표시되지 않은 코드표 색칠하기

### 학습 방법

1단계:
주어진 숫자를 보고 1, 2, 4, 8 로 숫자를 구분하여 합으로 표현하세요.

2단계:
합으로 표현되어진 1, 2, 4, 8 에 해당하는 위치의 칸에 색칠하세요.

### 학습 효과

숫자를 특정한 숫자들의 합으로 구분하면서 분할의 개념을 무의식적으로 학습할 수 있습니다.

이진코드의 위치에 해당하는 숫자의 크기를 학습할 수 있습니다.

십진수와 코드표의 관계를 수학 이론학습 없이 사고를 연결 시켜 생각할 수 있습니다.

chapter Ⅳ    2. 숫자를 숫자가 표시되지 않은 코드표 색칠하기

정답 및 풀이 198쪽~

 다음 숫자를 코드표에 색칠하시오.

예1 숫자 2      예2 숫자 3

숫자분할    2 = 2      숫자분할    3 = 2 + 1

정답       정답

예3 숫자 10      예4 숫자 13

숫자분할    10 = 8 + 2      숫자분할    13 = 8 + 4 + 1

정답 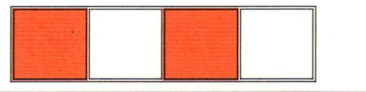      정답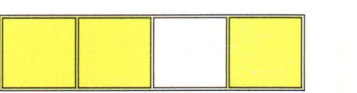

39) 숫자 5      40) 숫자 6

숫자분할      숫자분할

정답       정답

# #. 다음 숫자를 코드표에 색칠하시오.

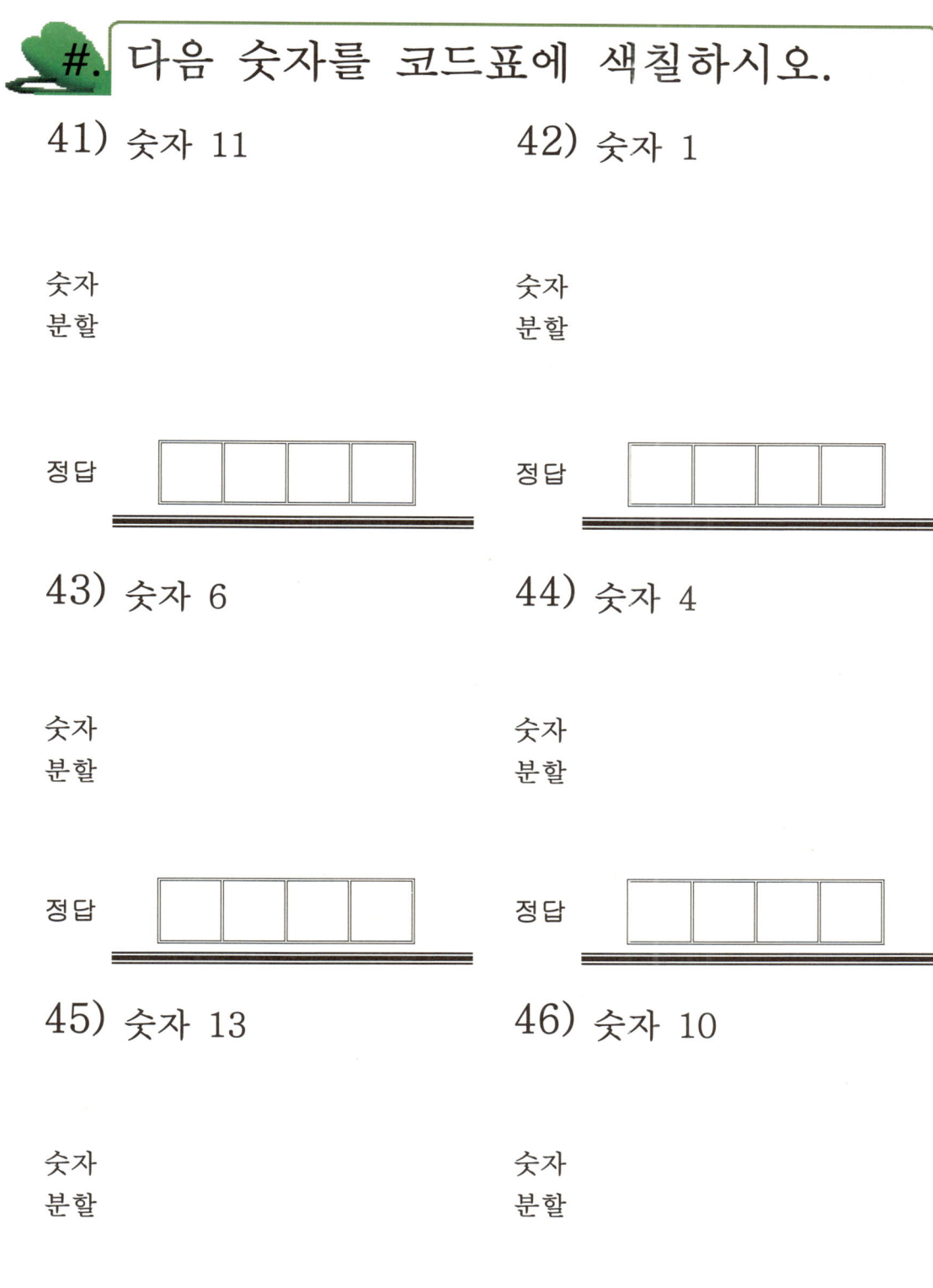

chapter IV   2. 숫자를 숫자가 표시되지 않은 코드표 색칠하기

#. 다음 숫자를 코드표에 색칠하시오.

47) 숫자 3

숫자
분할

정답 ☐☐☐☐

48) 숫자 8

숫자
분할

정답 ☐☐☐☐

49) 숫자 12

숫자
분할

정답 ☐☐☐☐

50) 숫자 5

숫자
분할

정답 ☐☐☐☐

51) 숫자 2

숫자
분할

정답 ☐☐☐☐

52) 숫자 7

숫자
분할

정답 ☐☐☐☐

chapter Ⅳ    2. 숫자를 숫자가 표시되지 않은 코드표 색칠하기

#. 다음 숫자를 코드표에 색칠하시오.

53) 숫자 6

숫자
분할

정답 ☐☐☐☐

54) 숫자 14

숫자
분할

정답 ☐☐☐☐

55) 숫자 11

숫자
분할

정답 ☐☐☐☐

56) 숫자 1

숫자
분할

정답 ☐☐☐☐

57) 숫자 15

숫자
분할

정답 ☐☐☐

58) 숫자 9

숫자
분할

정답 ☐☐☐☐

- 103 -

chapter IV  2. 숫자를 숫자가 표시되지 않은 코드표 색칠하기

#. 다음 숫자를 코드표에 색칠하시오.

59) 숫자 14

60) 숫자 13

61) 숫자 4

62) 숫자 10

63) 숫자 2

64) 숫자 7

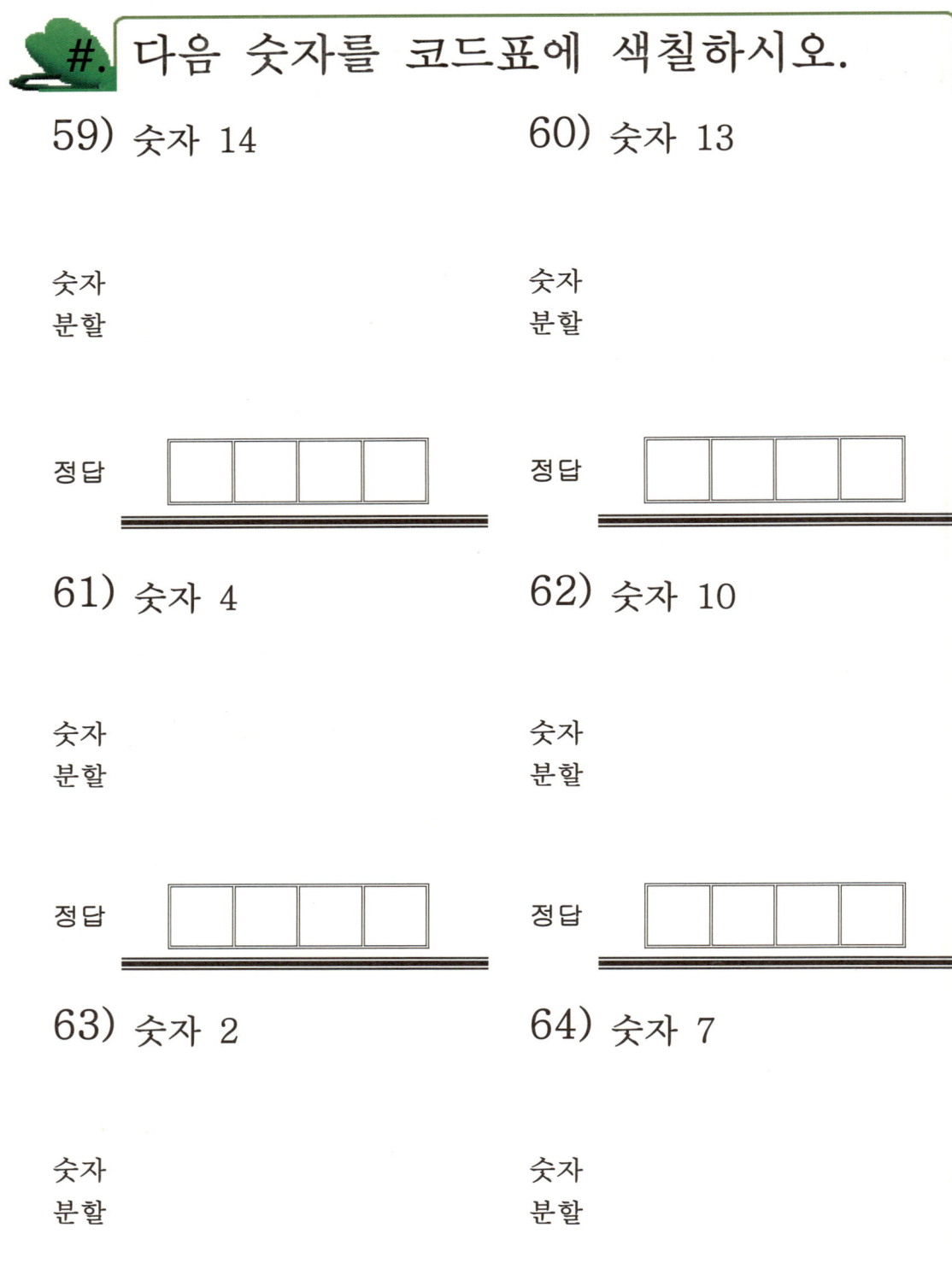

 다음 숫자를 코드표에 색칠하시오.

65) 숫자 10

숫자
분할

정답

66) 숫자 6

숫자
분할

정답

67) 숫자 11

숫자
분할

정답

68) 숫자 7

숫자
분할

정답

69) 숫자 2

숫자
분할

정답

70) 숫자 13

숫자
분할

정답

chapter Ⅳ    2. 숫자를 숫자가 표시되지 않은 코드표 색칠하기

# 다음 숫자를 코드표에 색칠하시오.

71) 숫자 4

72) 숫자 3

숫자
분할

숫자
분할

정답

정답

73) 숫자 8

74) 숫자 12

숫자
분할

숫자
분할

정답

정답

75) 숫자 10

76) 숫자 13

숫자
분할

숫자
분할

정답

정답

# chapter V.
## 코드표와 코드 상호 관계 확인하기

### 1. 코드표 보고 윤곽이 있는 코드로 나타내기

**학습 방법**

1단계:
색칠되어져 있는 칸 그림을 보면서 칸에 해당되는 숫자를 생각하고

2단계:
색칠되어져 있는 칸의 위치에는 1을
색칠 되지 않은 칸의 위치에는 0을 표기 하세요.

**학습 효과**

그림으로 익힌 이진코드를 1 과 0 으로 표현하는 코드의 형상을 매칭 시켜서 이진코드의 거부감을 제거하는 학습 효과가 있습니다.

카운팅 할 수 있는 숫자로써 사용할 수 있도록 숫자로 표현하는 연습을 통해서 이진코드를 숫자로 학습할 수 있습니다.

윤곽이 있는 칸에 숫자를 표현함으로써 위치에 따른 의미가 다르다는 것을 직관적으로 학습할 수 있습니다.

chapter V    1. 코드표 보고 윤곽이 있는 코드로 나타내기

정답 및 풀이 200쪽~

#. 다음 코드표를 코드로 나타내시오.

| 예1 | ⬜⬜🟧🟧 | 예2 | 🟨🟨⬜⬜ |

| 변경방법 | 색칠 된 칸은 1 색칠되지 않은 칸은 0으로 변경하시오 | 변경방법 | 색칠 된 칸은 1 색칠되지 않은 칸은 0으로 변경하시오 |

| 정답 | 0 0 1 1 | 정답 | 1 1 0 0 |

| 예3 | ⬜⬜⬜🟨 | 예4 | ⬜🟧🟧🟧 |

| 변경방법 | 색칠 된 칸은 1 색칠되지 않은 칸은 0으로 변경하시오 | 변경방법 | 색칠 된 칸은 1 색칠되지 않은 칸은 0으로 변경하시오 |

| 정답 | 0 0 0 1 | 정답 | 0 1 1 1 |

| 1) | 🟧🟧⬜🟧 | 2) | ⬜⬜🟨⬜ |

| 변경방법 | 색칠 된 칸은 1 색칠되지 않은 칸은 0으로 변경하시오 | 변경방법 | 색칠 된 칸은 1 색칠되지 않은 칸은 0으로 변경하시오 |

| 정답 | ☐ ☐ ☐ ☐ | 정답 | ☐ ☐ ☐ ☐ |

# chapter V    1. 코드표 보고 윤곽이 있는 코드로 나타내기

**#. 다음 코드표를 코드로 나타내시오.**

3) ⬜🟧⬜🟧

변경 방법 | 색칠 된 칸은 1 색칠되지 않은 칸은 0으로 변경하시오

정답 ⬜⬜⬜⬜

4) 🟨⬜🟨🟨

변경 방법 | 색칠 된 칸은 1 색칠되지 않은 칸은 0으로 변경하시오

정답 ⬜⬜⬜⬜

5) ⬜🟨⬜⬜

변경 방법 | 색칠 된 칸은 1 색칠되지 않은 칸은 0으로 변경하시오

정답 ⬜⬜⬜⬜

6) 🟧⬜🟧⬜

변경 방법 | 색칠 된 칸은 1 색칠되지 않은 칸은 0으로 변경하시오

정답 ⬜⬜⬜⬜

7) 🟧🟧🟧⬜

변경 방법 | 색칠 된 칸은 1 색칠되지 않은 칸은 0으로 변경하시오

정답 ⬜⬜⬜⬜

8) 🟨⬜🟨🟨

변경 방법 | 색칠 된 칸은 1 색칠되지 않은 칸은 0으로 변경하시오

정답 ⬜⬜⬜⬜

#. 다음 코드표를 코드로 나타내시오.

9) [빨강][ ][ ][ ]

변경방법: 색칠 된 칸은 1 색칠되지 않은 칸은 0으로 변경하시오

정답 [ ][ ][ ][ ]

10) [노랑][노랑][ ][노랑]

변경방법: 색칠 된 칸은 1 색칠되지 않은 칸은 0으로 변경하시오

정답 [ ][ ][ ][ ]

11) [노랑][노랑][ ][ ]

변경방법: 색칠 된 칸은 1 색칠되지 않은 칸은 0으로 변경하시오

정답 [ ][ ][ ][ ]

12) [ ][빨강][ ][빨강]

변경방법: 색칠 된 칸은 1 색칠되지 않은 칸은 0으로 변경하시오

정답 [ ][ ][ ][ ]

13) [빨강][ ][ ][빨강]

변경방법: 색칠 된 칸은 1 색칠되지 않은 칸은 0으로 변경하시오

정답 [ ][ ][ ][ ]

14) [ ][ ][노랑][노랑]

변경방법: 색칠 된 칸은 1 색칠되지 않은 칸은 0으로 변경하시오

정답 [ ][ ][ ][ ]

- 110 -

chapter V     1. 코드표 보고 윤곽이 있는 코드로 나타내기

#. 다음 코드표를 코드로 나타내시오.

15) [■■■■] (주황 4칸)

변경방법: 색칠 된 칸은 1 색칠되지 않은 칸은 0으로 변경하시오

정답: [ ][ ][ ][ ]

16) [■][ ][ ][ ] (노랑 1칸)

변경방법: 색칠 된 칸은 1 색칠되지 않은 칸은 0으로 변경하시오

정답: [ ][ ][ ][ ]

17) [ ][■][ ][■] (노랑)

변경방법: 색칠 된 칸은 1 색칠되지 않은 칸은 0으로 변경하시오

정답: [ ][ ][ ][ ]

18) [■][ ][ ][ ] (주황)

변경방법: 색칠 된 칸은 1 색칠되지 않은 칸은 0으로 변경하시오

정답: [ ][ ][ ][ ]

19) [ ][ ][■][ ] (주황)

변경방법: 색칠 된 칸은 1 색칠되지 않은 칸은 0으로 변경하시오

정답: [ ][ ][ ][ ]

20) [■][ ][■][ ] (노랑)

변경방법: 색칠 된 칸은 1 색칠되지 않은 칸은 0으로 변경하시오

정답: [ ][ ][ ][ ]

## chapter V    1. 코드표 보고 윤곽이 있는 코드로 나타내기

#. 다음 코드표를 코드로 나타내시오.

21) [주황][주황][흰][주황]

변경 방법: 색칠 된 칸은 1 색칠되지 않은 칸은 0으로 변경하시오

정답: [ ][ ][ ][ ]

22) [흰][노랑][노랑][노랑]

변경 방법: 색칠 된 칸은 1 색칠되지 않은 칸은 0으로 변경하시오

정답: [ ][ ][ ][ ]

23) [흰][흰][노랑][노랑]

변경 방법: 색칠 된 칸은 1 색칠되지 않은 칸은 0으로 변경하시오

정답: [ ][ ][ ][ ]

24) [주황][흰][흰][주황]

변경 방법: 색칠 된 칸은 1 색칠되지 않은 칸은 0으로 변경하시오

정답: [ ][ ][ ][ ]

25) [주황][주황][주황][주황]

변경 방법: 색칠 된 칸은 1 색칠되지 않은 칸은 0으로 변경하시오

정답: [ ][ ][ ][ ]

26) [흰][노랑][흰][노랑]

변경 방법: 색칠 된 칸은 1 색칠되지 않은 칸은 0으로 변경하시오

정답: [ ][ ][ ][ ]

## #. 다음 코드표를 코드로 나타내시오.

27) [ ][ ][■주황][ ]

변경방법: 색칠 된 칸은 1 색칠되지 않은 칸은 0으로 변경하시오

정답: [ ][ ][ ][ ]

28) [ ][ ][ ][■노랑]

변경방법: 색칠 된 칸은 1 색칠되지 않은 칸은 0으로 변경하시오

정답: [ ][ ][ ][ ]

29) [ ][■노랑][ ][ ]

변경방법: 색칠 된 칸은 1 색칠되지 않은 칸은 0으로 변경하시오

정답: [ ][ ][ ][ ]

30) [■주황][ ][■주황][ ]

변경방법: 색칠 된 칸은 1 색칠되지 않은 칸은 0으로 변경하시오

정답: [ ][ ][ ][ ]

31) [■주황][■주황][ ][ ]

변경방법: 색칠 된 칸은 1 색칠되지 않은 칸은 0으로 변경하시오

정답: [ ][ ][ ][ ]

32) [■노랑][ ][ ][ ]

변경방법: 색칠 된 칸은 1 색칠되지 않은 칸은 0으로 변경하시오

정답: [ ][ ][ ][ ]

chapter V  1. 코드표 보고 윤곽이 있는 코드로 나타내기

**#. 다음 코드표를 코드로 나타내시오.**

33)

변경 방법 | 색칠 된 칸은 1 색칠되지 않은 칸은 0으로 변경하시오

정답

34)

변경 방법 | 색칠 된 칸은 1 색칠되지 않은 칸은 0으로 변경하시오

정답

35)

변경 방법 | 색칠 된 칸은 1 색칠되지 않은 칸은 0으로 변경하시오

정답

36)

변경 방법 | 색칠 된 칸은 1 색칠되지 않은 칸은 0으로 변경하시오

정답

37)

변경 방법 | 색칠 된 칸은 1 색칠되지 않은 칸은 0으로 변경하시오

정답

38)

변경 방법 | 색칠 된 칸은 1 색칠되지 않은 칸은 0으로 변경하시오

정답

## 2. 숫자를 코드표와 윤곽이 있는 코드로 나타내기

**학습 방법**

1단계:
주어진 숫자를 보고 이진코드 표(그림)를 색칠하세요.

2단계:
이진코드 표(그림)를 보면서 1과 0의 코드로 변환하세요.

**학습 효과**

컴퓨터의 기본원리인 전기가 흐르고, 흐르지 않는 것을 칸의 색칠 유무로 표현하여 컴퓨터 원리를 익히는 효과가 있습니다.
그것을 이진코드로 변환함으로써 컴퓨터 사고의 기본 틀을 시각적으로 학습할 수 있습니다.

코드표그림과 이진 숫자를 동시에 표현 하면서 같은 의미라는 것을 무의식적으로 학습할 수 있습니다.

## chapter V  2. 숫자를 코드표와 윤곽이 있는 코드로 나타내기

정답 및 풀이 202쪽~

### #. 다음 숫자를 그림, 코드로 나타내시오.

예1  숫자 7

그림  | □ | ■ | ■ | ■ |

정답 | 0 | 1 | 1 | 1 |

예2  숫자 5

그림 | □ | ■ | □ | ■ |

정답 | 0 | 1 | 0 | 1 |

예3  숫자 8

그림 | ■ | □ | □ | □ |

정답 | 1 | 0 | 0 | 0 |

예4  숫자 9

그림 | ■ | □ | □ | ■ |

정답 | 1 | 0 | 0 | 1 |

39) 숫자 4

그림 | □ | □ | □ | □ |

정답 | □ | □ | □ | □ |

40) 숫자 1

그림 | □ | □ | □ | □ |

정답 | □ | □ | □ | □ |

- 116 -

chapter V    2. 숫자를 코드표와 윤곽이 있는 코드로 나타내기

**#.** 다음 숫자를 그림, 코드로 나타내시오.

41) 숫자 4

42) 숫자 10

43) 숫자 12

44) 숫자 5

45) 숫자 6

46) 숫자 8

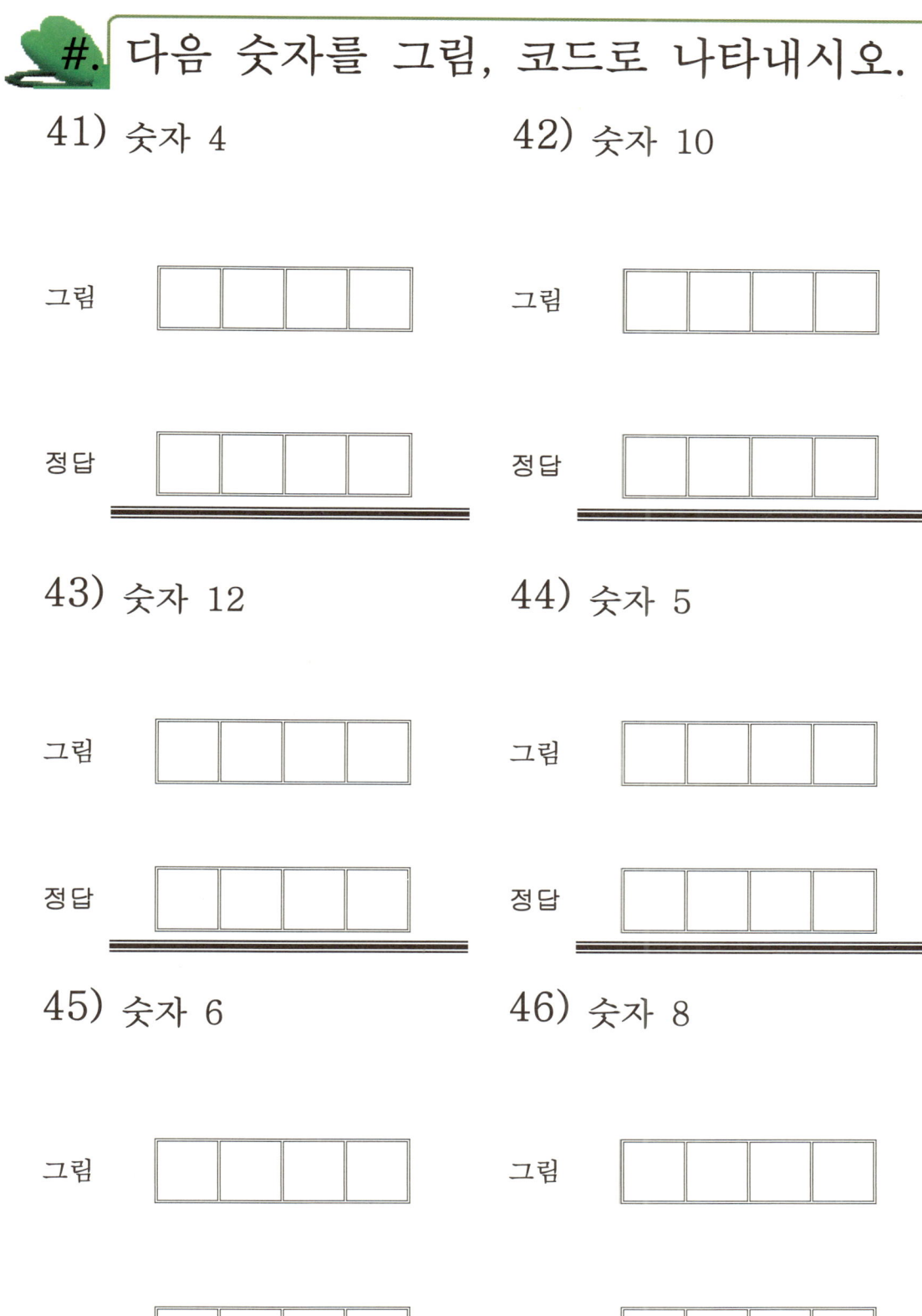

- 117 -

chapter V   2. 숫자를 코드표와 윤곽이 있는 코드로 나타내기

**#. 다음 숫자를 그림, 코드로 나타내시오.**

47) 숫자 14

그림

정답

48) 숫자 11

그림

정답

49) 숫자 9

그림

정답

50) 숫자 3

그림

정답

51) 숫자 2

그림

정답

52) 숫자 12

그림

정답

- 118 -

## chapter V    2. 숫자를 코드표와 윤곽이 있는 코드로 나타내기

**#. 다음 숫자를 그림, 코드로 나타내시오.**

53) 숫자 8

그림 ☐☐☐☐

정답 ☐☐☐☐

54) 숫자 13

그림 ☐☐☐☐

정답 ☐☐☐☐

55) 숫자 15

그림 ☐☐☐☐

정답 ☐☐☐☐

56) 숫자 7

그림 ☐☐☐☐

정답 ☐☐☐☐

57) 숫자 5

그림 ☐☐☐☐

정답 ☐☐☐☐

58) 숫자 14

그림 ☐☐☐☐

정답 ☐☐☐☐

## # 다음 숫자를 그림, 코드로 나타내시오.

59) 숫자 7

그림

정답

60) 숫자 1

그림

정답

61) 숫자 11

그림

정답

62) 숫자 8

그림

정답

63) 숫자 9

그림

정답

64) 숫자 14

그림

정답

chapter V   2. 숫자를 코드표와 윤곽이 있는 코드로 나타내기

#. 다음 숫자를 그림, 코드로 나타내시오.

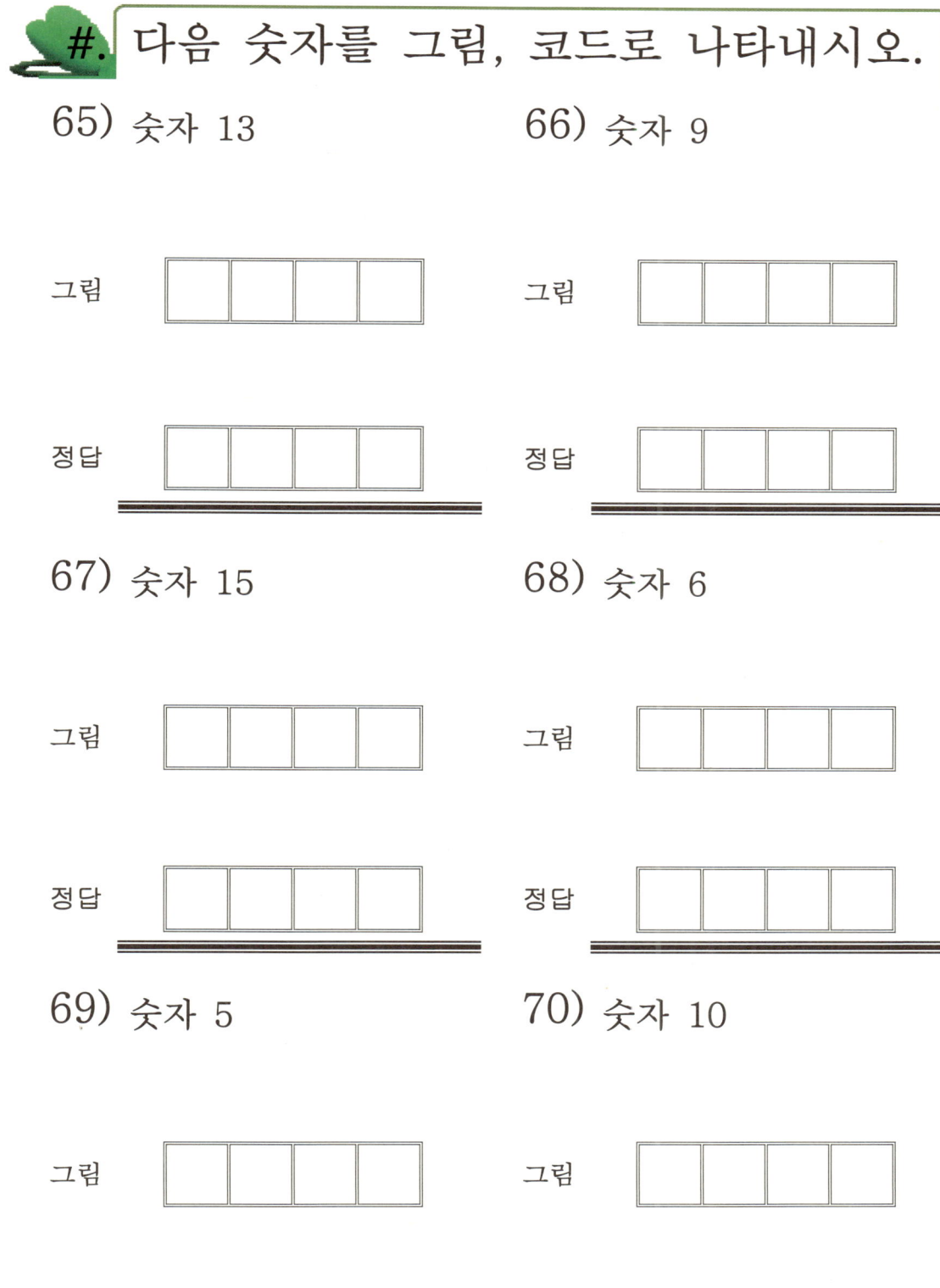

65) 숫자 13

66) 숫자 9

67) 숫자 15

68) 숫자 6

69) 숫자 5

70) 숫자 10

# 다음 숫자를 그림, 코드로 나타내시오.

71) 숫자 11

그림 ☐☐☐☐

정답 ☐☐☐☐

72) 숫자 2

그림 ☐☐☐☐

정답 ☐☐☐☐

73) 숫자 4

그림 ☐☐☐☐

정답 ☐☐☐☐

74) 숫자 7

그림 ☐☐☐☐

정답 ☐☐☐☐

75) 숫자 15

그림 ☐☐☐☐

정답 ☐☐☐☐

76) 숫자 12

그림 ☐☐☐☐

정답 ☐☐☐☐

## 3. 코드표 보고 윤곽이 없는 코드로 나타내기

**학습 방법**

색칠되어진 그림을 보면서 위치에 따라서 색칠되어진 곳은 1

색칠 안 되어진 곳은 0을 왼쪽에서부터 순서대로 적어 보세요.

**학습 효과**

윤곽이 지워져 있는 부분에 1과 0을 적으면서 위치에 따른 크기를 학습할 수 있습니다.

이진법을 수학이론 없이 숫자의 카운팅 기능만으로 사고의 틀을 형성하는 학습효과가 있습니다.

십진법과 이진법의 혼란을 방지하는 효과가 있습니다.

## chapter V  3. 코드표 보고 윤곽이 없는 코드로 나타내기

정답 및 풀이 204쪽~

**#. 다음 그림을 보고 코드로 나타내시오.**

예1

변경방법: 색칠 된 칸은 1 색칠되지 않은 칸은 0으로 변경하시오

정답    0    1    1    1

예2

변경방법: 색칠 된 칸은 1 색칠되지 않은 칸은 0으로 변경하시오

정답    1    0    1    1

예3

변경방법: 색칠 된 칸은 1 색칠되지 않은 칸은 0으로 변경하시오

정답    0    0    0    1

예4

변경방법: 색칠 된 칸은 1 색칠되지 않은 칸은 0으로 변경하시오

정답    1    0    0    1

1)

변경방법: 색칠 된 칸은 1 색칠되지 않은 칸은 0으로 변경하시오

정답

2)

변경방법: 색칠 된 칸은 1 색칠되지 않은 칸은 0으로 변경하시오

정답

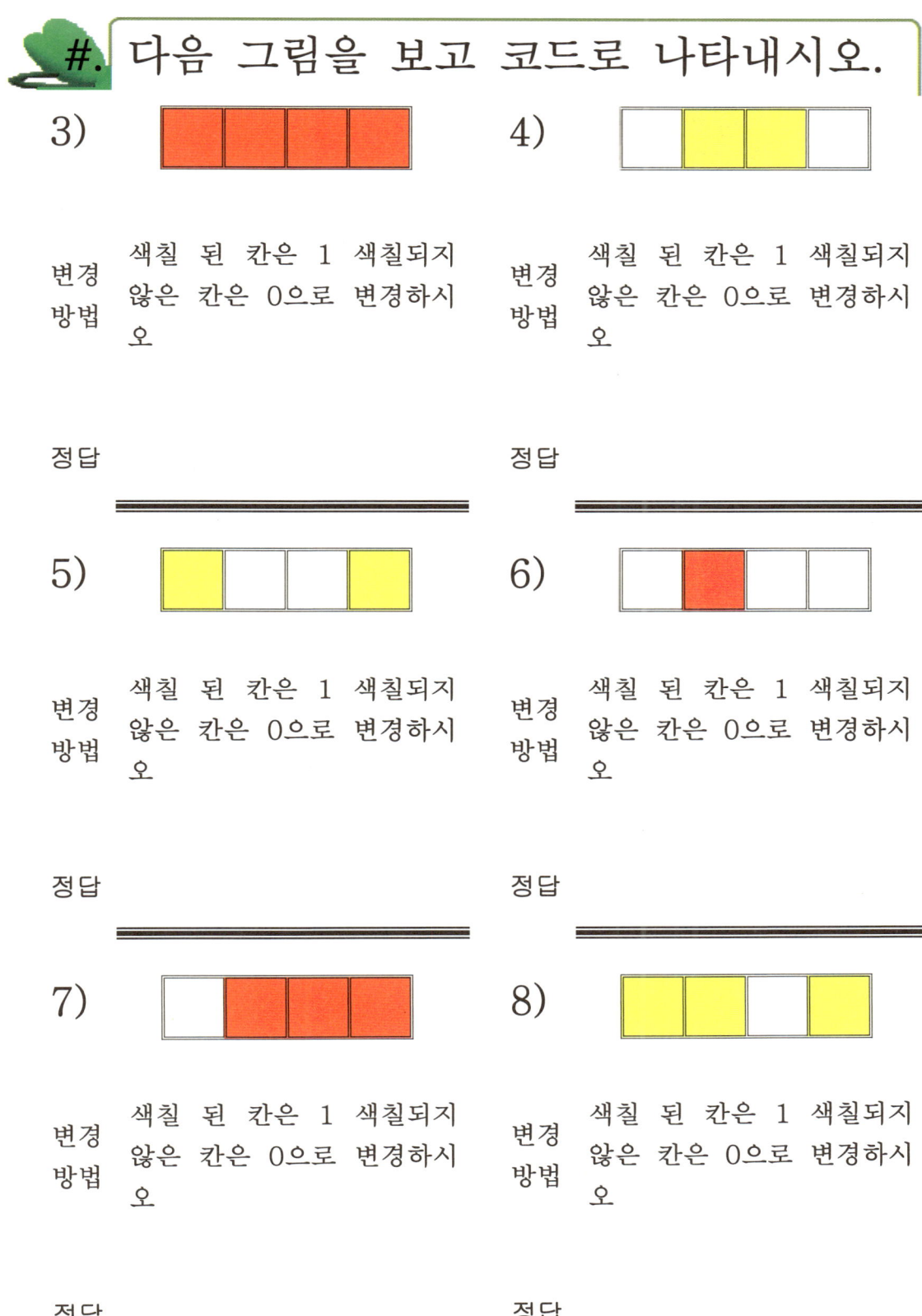

## #. 다음 그림을 보고 코드로 나타내시오.

9) [주황 주황 주황 흰]

변경방법: 색칠 된 칸은 1 색칠되지 않은 칸은 0으로 변경하시오

정답

10) [노랑 흰 노랑 흰]

변경방법: 색칠 된 칸은 1 색칠되지 않은 칸은 0으로 변경하시오

정답

11) [흰 노랑 노랑 노랑]

변경방법: 색칠 된 칸은 1 색칠되지 않은 칸은 0으로 변경하시오

정답

12) [주황 흰 흰 주황]

변경방법: 색칠 된 칸은 1 색칠되지 않은 칸은 0으로 변경하시오

정답

13) [흰 흰 주황 흰]

변경방법: 색칠 된 칸은 1 색칠되지 않은 칸은 0으로 변경하시오

정답

14) [흰 노랑 흰 흰]

변경방법: 색칠 된 칸은 1 색칠되지 않은 칸은 0으로 변경하시오

정답

## #. 다음 그림을 보고 코드로 나타내시오.

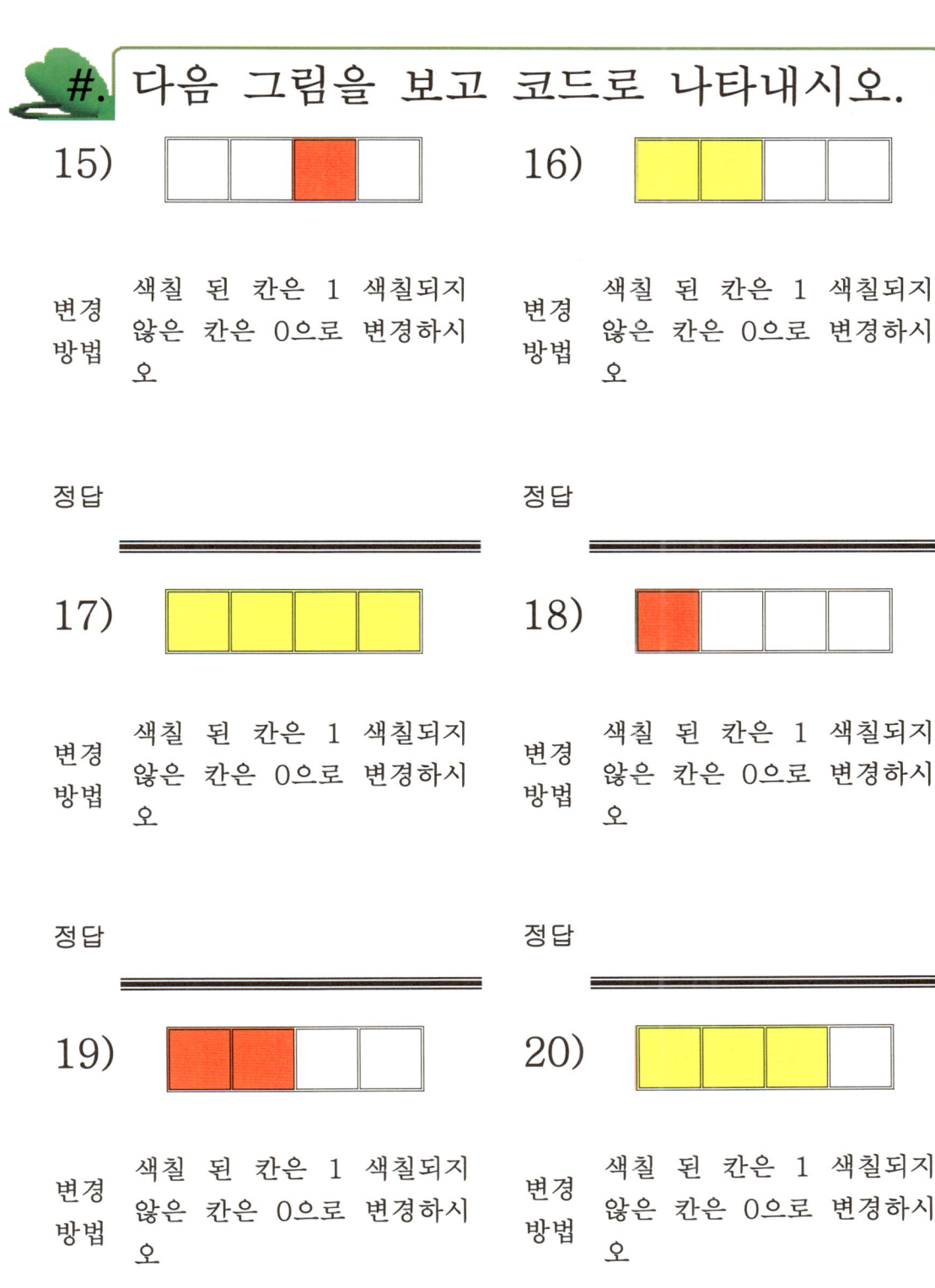

## chapter V  3. 코드표 보고 윤곽이 없는 코드로 나타내기

**#. 다음 그림을 보고 코드로 나타내시오.**

21) [주황][ ][주황][ ]

변경방법: 색칠 된 칸은 1 색칠되지 않은 칸은 0으로 변경하시오

정답

22) [ ][ ][ ][노랑]

변경방법: 색칠 된 칸은 1 색칠되지 않은 칸은 0으로 변경하시오

정답

23) [ ][노랑][노랑][ ]

변경방법: 색칠 된 칸은 1 색칠되지 않은 칸은 0으로 변경하시오

정답

24) [ ][ ][ ][주황]

변경방법: 색칠 된 칸은 1 색칠되지 않은 칸은 0으로 변경하시오

정답

25) [주황][주황][ ][주황]

변경방법: 색칠 된 칸은 1 색칠되지 않은 칸은 0으로 변경하시오

정답

26) [노랑][ ][노랑][노랑]

변경방법: 색칠 된 칸은 1 색칠되지 않은 칸은 0으로 변경하시오

정답

# 다음 그림을 보고 코드로 나타내시오.

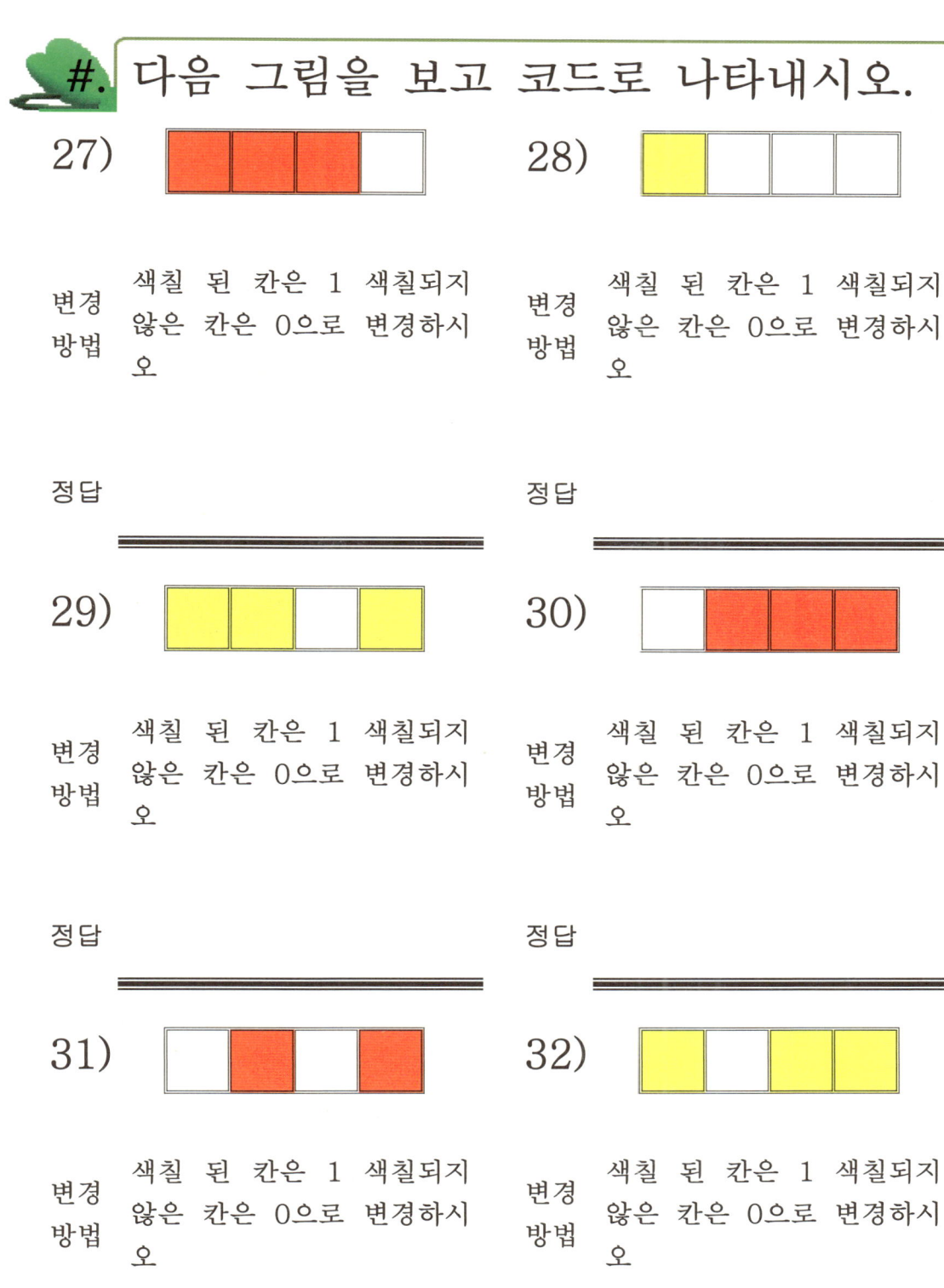

chapter V    3. 코드표 보고 윤곽이 없는 코드로 나타내기

# 다음 그림을 보고 코드로 나타내시오.

33) 

변경 방법: 색칠 된 칸은 1 색칠되지 않은 칸은 0으로 변경하시오

정답

34) 

변경 방법: 색칠 된 칸은 1 색칠되지 않은 칸은 0으로 변경하시오

정답

35) 

변경 방법: 색칠 된 칸은 1 색칠되지 않은 칸은 0으로 변경하시오

정답

36) 

변경 방법: 색칠 된 칸은 1 색칠되지 않은 칸은 0으로 변경하시오

정답

37) 

변경 방법: 색칠 된 칸은 1 색칠되지 않은 칸은 0으로 변경하시오

정답

38) 

변경 방법: 색칠 된 칸은 1 색칠되지 않은 칸은 0으로 변경하시오

정답

## 4. 숫자를 코드표와 윤곽이 없는 코드로 나타내기

### 학습 방법

사람이 사용하는 숫자(10진법)를 보면서 코드표를 색칠하세요.

또한 칸이 없는 빈 공간에 1 과 0 의 숫자를 기입하세요.

### 학습 효과

사람이 사용하는 숫자를 보면서 컴퓨터 기계어에서 사용하는 코드로 변환하는 법칙을 익히는 효과가 있습니다.

십진법을 이진법으로 변환 할 때 수학이론 없이 변환 가능한 효과가 있습니다.

십진법의 숫자와 이진법 숫자를 구분하여 사고 할 수 있는 효과가 있습니다.

chapter V    4. 숫자를 코드표와 윤락이 없는 코드로 나타내기

정답 및 풀이 206쪽~

# **#.** 다음 숫자를 그림, 코드로 나타내시오.

예1  숫자 7

그림  [ ][■][■][■]

정답    0   1   1   1

예2  숫자 9

그림  [■][ ][ ][■]

정답    1   0   0   1

예3  숫자 6

그림  [ ][■][ ][■]

정답    0   1   0   1

예4  숫자 14

그림  [■][■][■][ ]

정답    1   1   1   0

39) 숫자 11

그림  [ ][ ][ ][ ]

정답

40) 숫자 1

그림  [ ][ ][ ][ ]

정답

- 132 -

# 다음 숫자를 그림, 코드로 나타내시오.

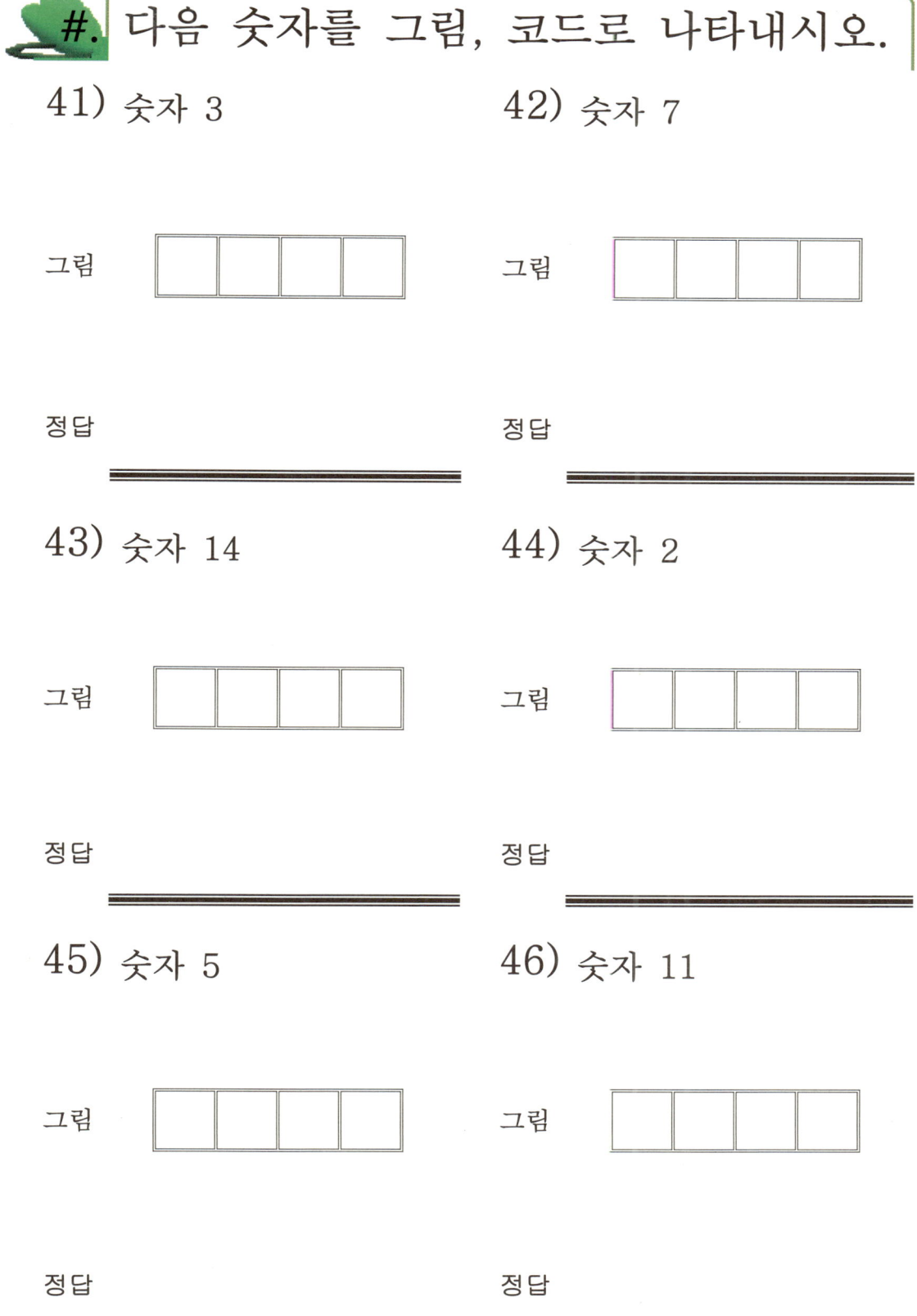

chapter V    4. 숫자를 코드표와 윤곽이 없는 코드로 나타내기

## #. 다음 숫자를 그림, 코드로 나타내시오.

47) 숫자 4

그림 ☐☐☐☐

정답
━━━━━━━━━━━━━━

48) 숫자 10

그림 ☐☐☐☐

정답
━━━━━━━━━━━━━━

49) 숫자 8

그림 ☐☐☐☐

정답
━━━━━━━━━━━━━━

50) 숫자 13

그림 ☐☐☐☐

정답
━━━━━━━━━━━━━━

51) 숫자 14

그림 ☐☐☐☐

정답
━━━━━━━━━━━━━━

52) 숫자 11

그림 ☐☐☐☐

정답
━━━━━━━━━━━━━━

chapter V    4. 숫자를 코드표와 윤곽이 없는 코드로 나타내기

# 다음 숫자를 그림, 코드로 나타내시오.

53) 숫자 12

그림 ☐☐☐☐

정답 _____

54) 숫자 5

그림 ☐☐☐☐

정답 _____

55) 숫자 9

그림 ☐☐☐☐

정답 _____

56) 숫자 3

그림 ☐☐☐☐

정답 _____

57) 숫자 10

그림 ☐☐☐☐

정답 _____

58) 숫자 15

그림 ☐☐☐☐

정답 _____

chapter V  4. 숫자를 코드표와 윤곽이 없는 코드로 나타내기

# 다음 숫자를 그림, 코드로 나타내시오.

59) 숫자 6

그림 ☐☐☐☐

정답 _____

60) 숫자 8

그림 ☐☐☐☐

정답 _____

61) 숫자 2

그림 ☐☐☐☐

정답 _____

62) 숫자 10

그림 ☐☐☐☐

정답 _____

63) 숫자 14

그림 ☐☐☐☐

정답 _____

64) 숫자 7

그림 ☐☐☐☐

정답 _____

chapter V  4. 숫자를 코드표와 윤곽이 없는 코드로 나타내기

#. 다음 숫자를 그림, 코드로 나타내시오.

65) 숫자 1

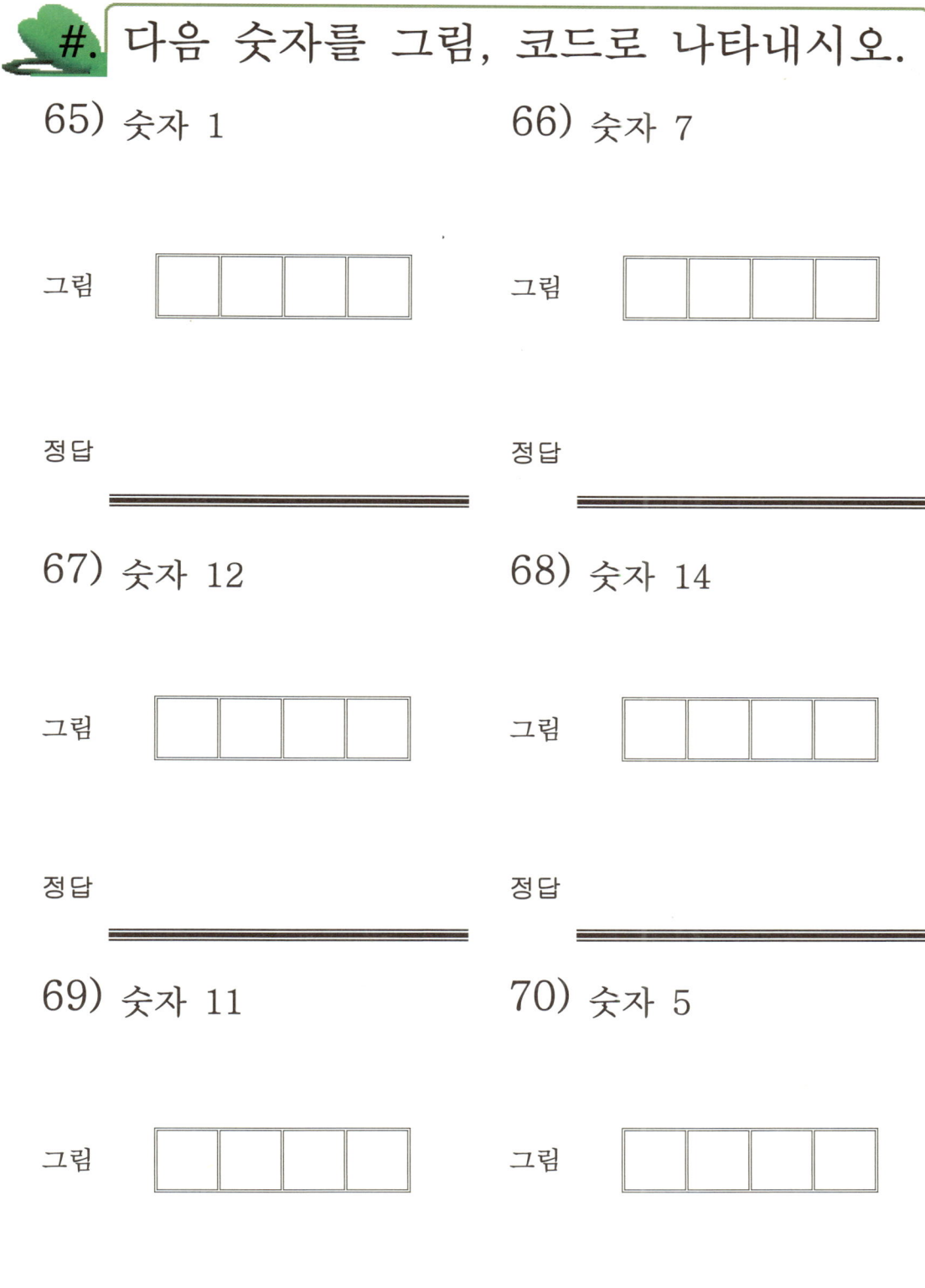

66) 숫자 7

67) 숫자 12

68) 숫자 14

69) 숫자 11

70) 숫자 5

chapter Ⅴ　　4. 숫자를 코드표와 윤곽이 없는 코드로 나타내기

**#.** 다음 숫자를 그림, 코드로 나타내시오.

71) 숫자 2

그림 ☐☐☐☐

정답 _____

72) 숫자 5

그림 ☐☐☐☐

정답 _____

73) 숫자 10

그림 ☐☐☐☐

정답 _____

74) 숫자 4

그림 ☐☐☐☐

정답 _____

75) 숫자 8

그림 ☐☐☐☐

정답 _____

76) 숫자 9

그림 ☐☐☐☐

정답 _____

# chapter VI. 이 진 코 드

## 1. 코드를 숫자로 표현하기

**학습 방법**

1단계:
이진 코드를 보면서 1이 적혀진 위치의 숫자를 적어 보세요.

2단계:
각각 적힌 모든 숫자들의 합을 구해 보세요.

**학습 효과**

십진법 전개식을 사용하지 않고 이진코드를 십진법으로 변환하는 것을 가능하게 하는 학습효과가 있습니다.

위치에 따른 크기를 이해하고 위치적 기수법의 학습에 도움을 줄 수 있습니다.

이진법 숫자를 코드로 사고하면서 십진법 숫자와 사고의 혼란을 방지할 수 있습니다.

# chapter VI    1. 코드를 숫자로 표현하기

정답 및 풀이 208쪽~

 **#. 다음 코드를 숫자로 나타내시오.**

예1  코드  1 0 1 0        예2  코드  0 1 0 1

합  8 + 2 = 10      합  4 + 1 = 5

정답  10      정답  5

예3  코드  0 1 0 0        예4  코드  0 0 1 0

합  4 = 4      합  2 = 2

정답  4      정답  2

1) 코드  0 1 1 1      2) 코드  1 0 0 0

합      합

정답      정답

 다음 코드를 숫자로 나타내시오.

3) 코드   0 0 0 1

합


정답
━━━━━━━━━━━━━━

4) 코드   0 0 1 1

합


정답
━━━━━━━━━━━━━━

5) 코드   1 0 0 1

합


정답
━━━━━━━━━━━━━━

6) 코드   0 1 1 0

합


정답
━━━━━━━━━━━━━━

7) 코드   1 0 1 1

합


정답
━━━━━━━━━━━━━━

8) 코드   1 1 0 0

합


정답
━━━━━━━━━━━━━━

 다음 코드를 숫자로 나타내시오.

9) 코드  0 1 0 0

합


정답
======

10) 코드  1 1 1 0

합


정답
======

11) 코드  1 1 0 1

합


정답
======

12) 코드  0 1 0 1

합


정답
======

13) 코드  0 1 1 1

합


정답
======

14) 코드  1 0 1 0

합


정답
======

### chapter VI  1. 코드를 숫자로 표현하기

 **다음 코드를 숫자로 나타내시오.**

15) 코드  0 0 1 0

합

정답 _____

16) 코드  1 0 1 1

합

정답 _____

17) 코드  0 1 1 0

합

정답 _____

18) 코드  1 0 0 1

합

정답 _____

19) 코드  1 1 1 1

합

정답 _____

20) 코드  1 0 0 0

합

정답 _____

 **다음 코드를 숫자로 나타내시오.**

21) 코드   1  1  0  1

합


정답
======

22) 코드   0  0  0  1

합


정답
======

23) 코드   0  0  1  1

합


정답
======

24) 코드   1  0  1  0

합


정답
======

25) 코드   1  1  0  0

합


정답
======

26) 코드   0  1  0  1

합


정답
======

 **다음 코드를 숫자로 나타내시오.**

27) 코드 0 1 1 1

합


정답 _____

28) 코드 1 1 1 0

합


정답 _____

29) 코드 1 0 1 1

합


정답 _____

30) 코드 1 1 1 1

합


정답 _____

31) 코드 0 1 1 0

합


정답 _____

32) 코드 0 1 0 0

합


정답 _____

 **다음 코드를 숫자로 나타내시오.**

33) 코드   1  0  0  1

합

정답 _____

34) 코드   0  0  1  1

합

정답 _____

35) 코드   1  0  1  0

합

정답 _____

36) 코드   1  1  0  0

합

정답 _____

37) 코드   0  0  1  0

합

정답 _____

38) 코드   1  0  0  0

합

정답 _____

## 2. 숫자를 코드로 표현하기

**학습 방법**

1단계:
주어진 십진법 숫자를 1, 2, 4, 8들의 합으로 구분하세요.

2단계:
1, 2, 4, 8이 위치하는 자리에 구분되어진 숫자가 있으면 1을 없으면 0을 위치에 맞춰서 왼쪽에서부터 표기 하세요.

**학습 효과**

숫자의 분할을 학습할 수 있습니다.

십진법을 기존의 진법 변환 방법을 이용하지 않고 곧바로 이진코드로 변경할 수 있습니다.

십진법을 진법변환 사고를 하지 않고 이진코드로 매칭 시키는 사고가 가능하게 도와 줄 수 있습니다.

 **#. 다음 숫자를 코드로 나타내시오.**

예1  숫자 5

분할     5 = 4 + 1

정답  코드   0  1  0  1

예2  숫자 7

분할     7 = 4 + 2 + 1

정답  코드   0  1  1  1

예3  숫자 2

분할     2 = 2

정답  코드   0  0  1  0

예4  숫자 12

분할     12 = 8 + 4

정답  코드   1  1  0  0

39) 숫자 3

분할

정답  코드

40) 숫자 8

분할

정답  코드

 **다음 숫자를 코드로 나타내시오.**

41) 숫자 14

분할

정답 코드
━━━━━━━━━━

42) 숫자 6

분할

정답 코드
━━━━━━━━━━

43) 숫자1

분할

정답 코드
━━━━━━━━━━

44) 숫자 11

분할

정답 코드
━━━━━━━━━━

45) 숫자 15

분할

정답 코드
━━━━━━━━━━

46) 숫자 9

분할

정답 코드
━━━━━━━━━━

 **다음 숫자를 코드로 나타내시오.**

47) 숫자 13

분할

정답 코드

48) 숫자 14

분할

정답 코드

49) 숫자 2

분할

정답 코드

50) 숫자 7

분할

정답 코드

51) 숫자 10

분할

정답 코드

52) 숫자 4

분할

정답 코드

 **다음 숫자를 코드로 나타내시오.**

53) 숫자 10

분할


정답 코드
━━━━━━━━━━━━━

54) 숫자 13

분할


정답 코드
━━━━━━━━━━━━━

55) 숫자 3

분할


정답 코드
━━━━━━━━━━━━━

56) 숫자 12

분할


정답 코드
━━━━━━━━━━━━━

57) 숫자 6

분할


정답 코드
━━━━━━━━━━━━━

58) 숫자 5

분할


정답 코드
━━━━━━━━━━━━━

 **다음 숫자를 코드로 나타내시오.**

59) 숫자 1

분할


정답 코드
────────

60) 숫자 7

분할


정답 코드
────────

61) 숫자 11

분할


정답 코드
────────

62) 숫자 9

분할


정답 코드
────────

63) 숫자 15

분할


정답 코드
────────

64) 숫자 2

분할


정답 코드
────────

 **다음 숫자를 코드로 나타내시오.**

65) 숫자 4

분할


정답  코드
     ━━━━━━━━━━━━━━━

66) 숫자 3

분할


정답  코드
     ━━━━━━━━━━━━━━━

67) 숫자 8

분할


정답  코드
     ━━━━━━━━━━━━━━━

68) 숫자 13

분할


정답  코드
     ━━━━━━━━━━━━━━━

69) 숫자 10

분할


정답  코드
     ━━━━━━━━━━━━━━━

70) 숫자 12

분할


정답  코드
     ━━━━━━━━━━━━━━━

 다음 숫자를 코드로 나타내시오.

71) 숫자 6

분할


정답 코드
_____

72) 숫자 5

분할


정답 코드
_____

73) 숫자 7

분할


정답 코드
_____

74) 숫자 15

분할


정답 코드
_____

75) 숫자 14

분할


정답 코드
_____

76) 숫자 9

분할


정답 코드
_____

## 3. 그림의 개수를 세어 십진법 숫자와 코드로 표현하기

**학습 방법**

1단계:
주어진 그림을 보고 개수를 세어 보세요.

2단계:
그 개수를 십진법으로 표기 하세요.

3단계:
이진 코드로도 적어 보세요.

**학습 효과**

사물의 개수를 카운팅 할 때 십진법과 이진코드로 병행해서 사고할 수 있습니다.

코드의 숫자 기능성사고 형성에 도움을 줄 수 있습니다.

컴퓨터적사고 형성에 도움을 줄 수 있습니다.

### chapter VI  3. 그림의 개수를 세어 십진법 숫자와 코드로 표현하기

정답 및 풀이 212쪽~

**#. 다음 그림을 숫자, 코드로 나타내시오.**

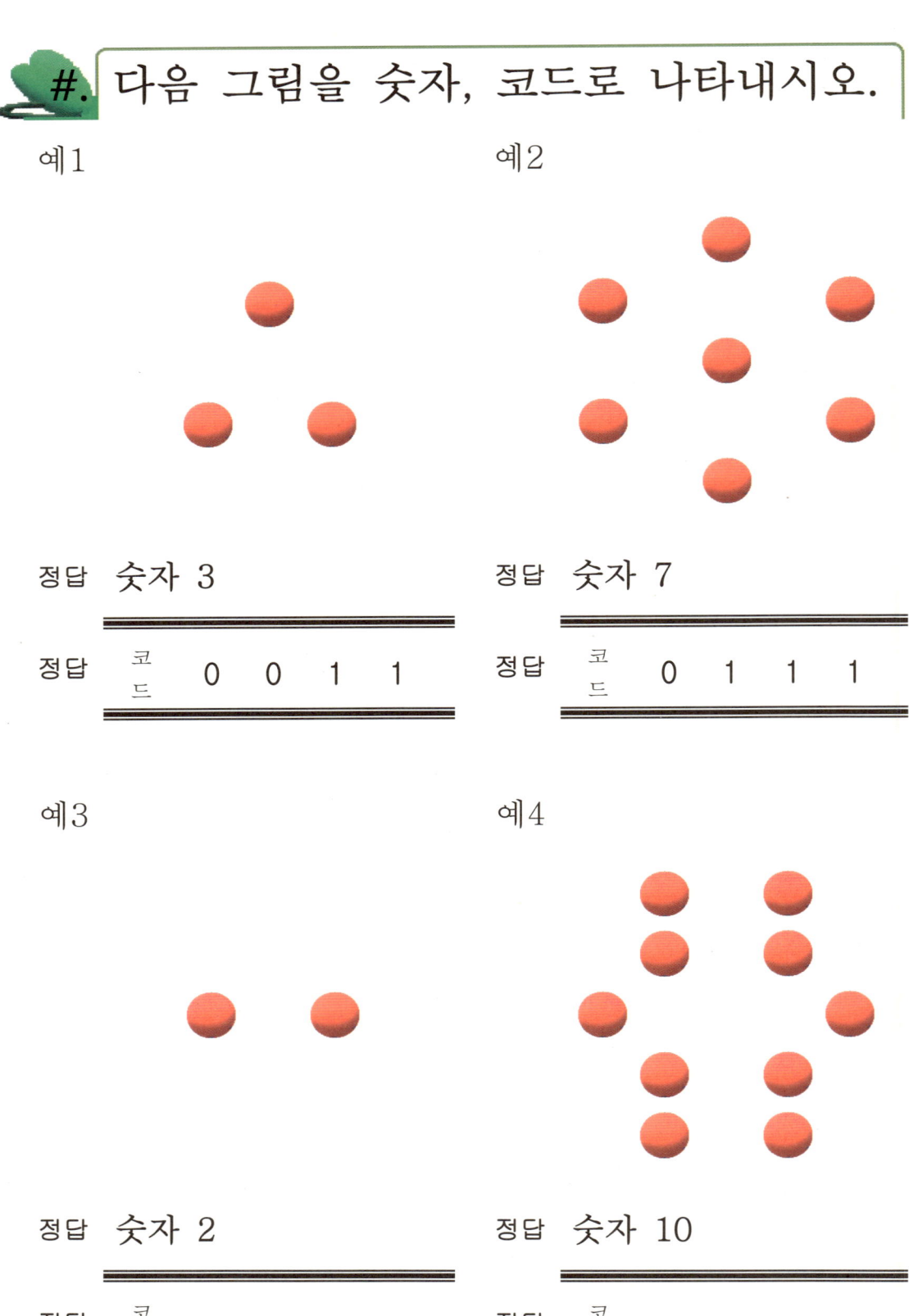

 #. 다음 그림을 숫자, 코드로 나타내시오.

1)

2)
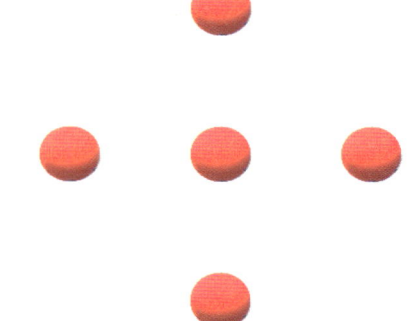

정답 숫자 _____

정답 코드 _____

정답 숫자 _____

정답 코드 _____

3)

4)
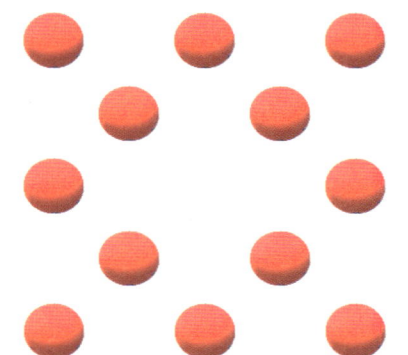

정답 숫자 _____

정답 코드 _____

정답 숫자 _____

정답 코드 _____

  **다음 그림을 숫자, 코드로 나타내시오.**

5)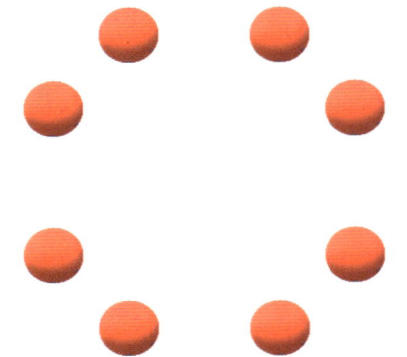

정답 숫자 _____

정답 코드 _____

6)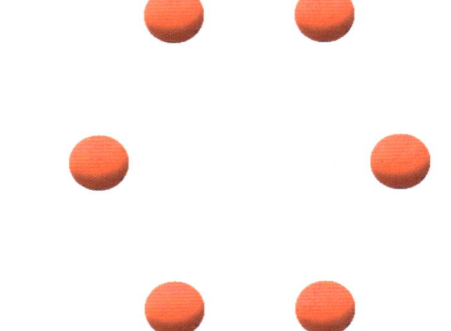

정답 숫자 _____

정답 코드 _____

7)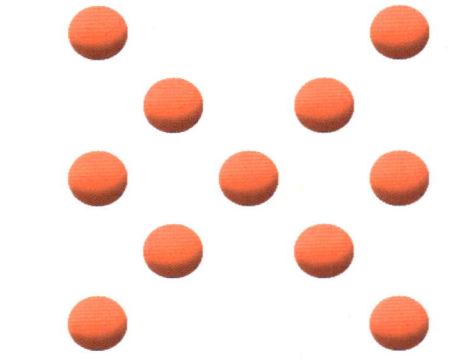

정답 숫자 _____

정답 코드 _____

8)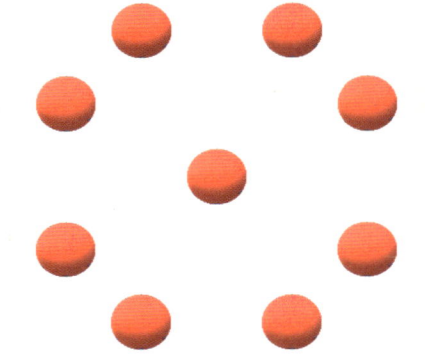

정답 숫자 _____

정답 코드 _____

#. 다음 그림을 숫자, 코드로 나타내시오.

9)

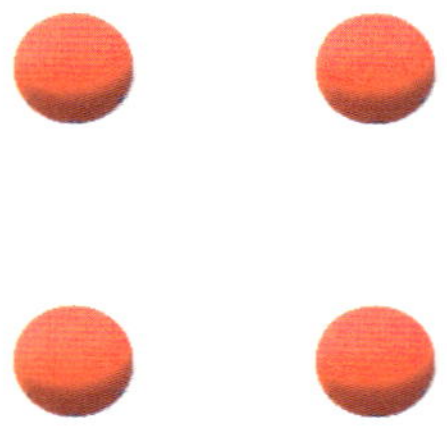

정답 숫자 _____

정답 코드 _____

10)

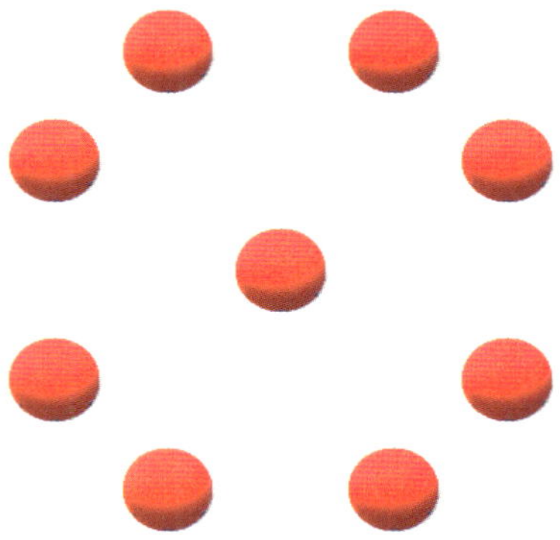

정답 숫자 _____

정답 코드 _____

11)

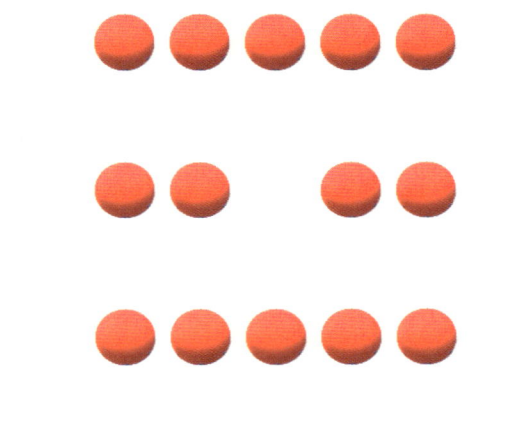

정답 숫자 _____

정답 코드 _____

12)

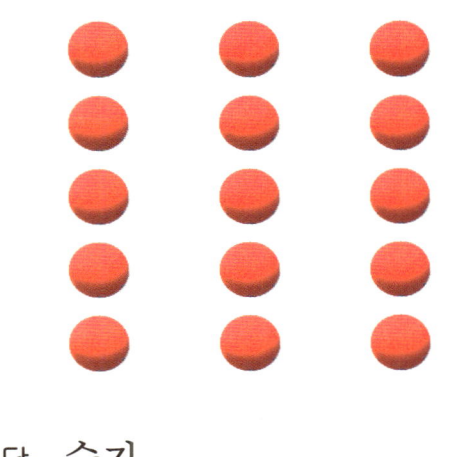

정답 숫자 _____

정답 코드 _____

## chapter VI　3. 그림의 개수를 세어 십진법 숫자와 코드로 표현하기

 **#. 다음 그림을 숫자, 코드로 나타내시오.**

13)

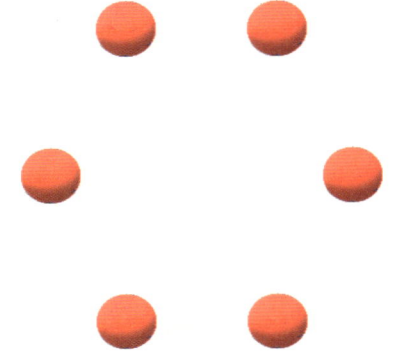

정답　숫자

정답　코드

14)

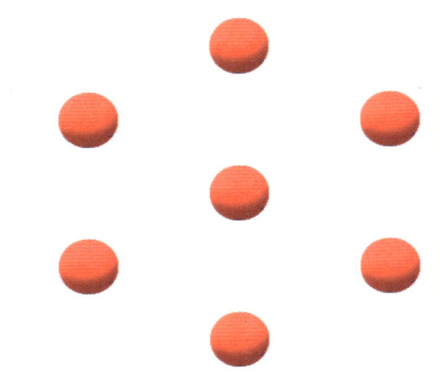

정답　숫자

정답　코드

15)

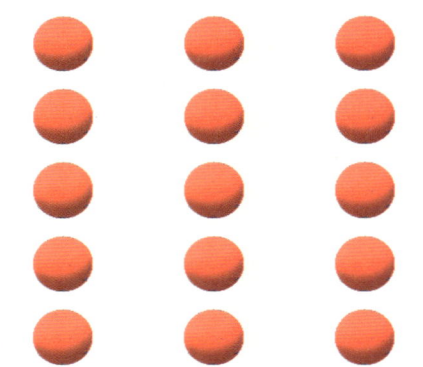

정답　숫자

정답　코드

16)

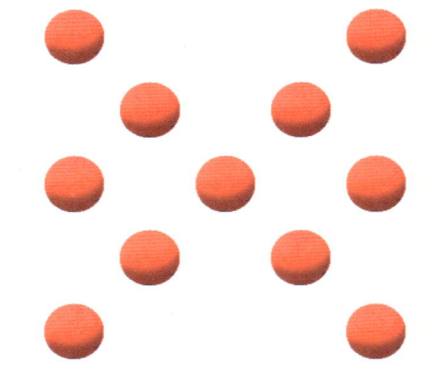

정답　숫자

정답　코드

 **다음 그림을 숫자, 코드로 나타내시오.**

17)

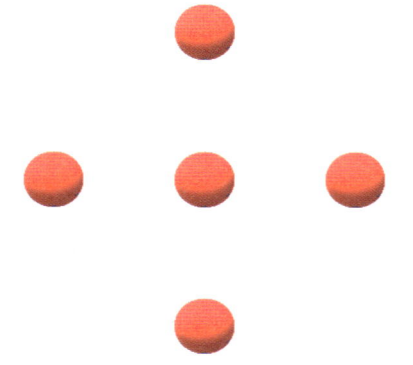

정답 숫자 _____

정답 코드 _____

18)

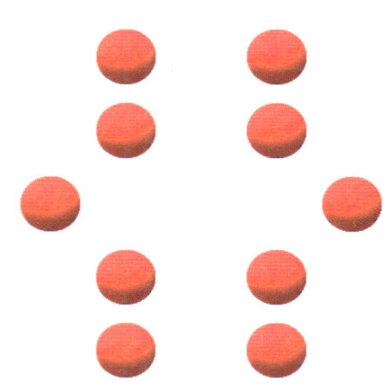

정답 숫자 _____

정답 코드 _____

19)

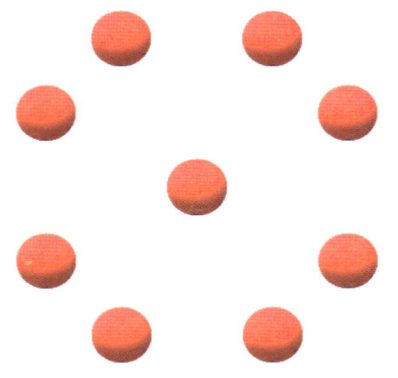

정답 숫자 _____

정답 코드 _____

20)

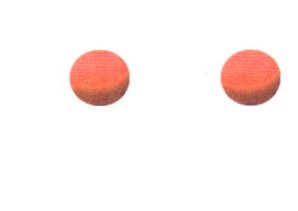

정답 숫자 _____

정답 코드 _____

chapter VI  3. 그림의 개수를 세어 십진법 숫자와 코드로 표현하기

# 다음 그림을 숫자, 코드로 나타내시오.

21)    22)

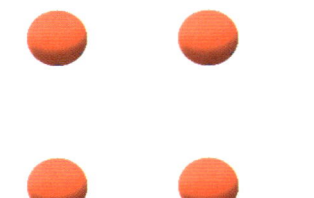   

정답  숫자 _____    정답  숫자 _____

정답  코드 _____    정답  코드 _____

23)    24)

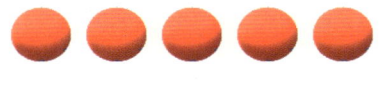

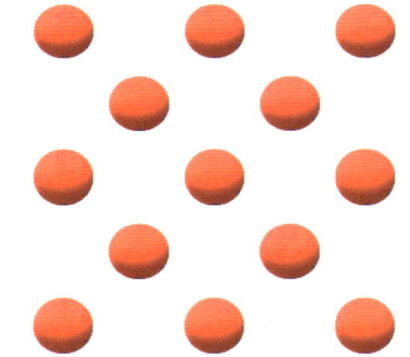

정답  숫자 _____    정답  숫자 _____

정답  코드 _____    정답  코드 _____

chapter VI  3. 그림의 개수를 세어 십진법 숫자와 코드로 표현하기

#. 다음 그림을 숫자, 코드로 나타내시오.

25)

26)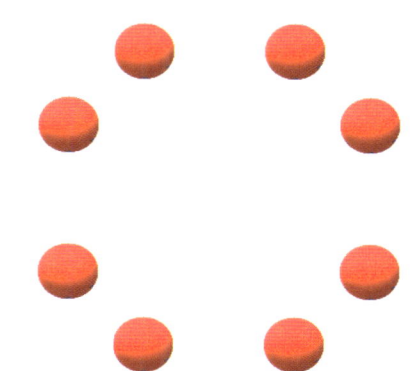

정답 숫자 _____

정답 코드 _____

정답 숫자 _____

정답 코드 _____

27)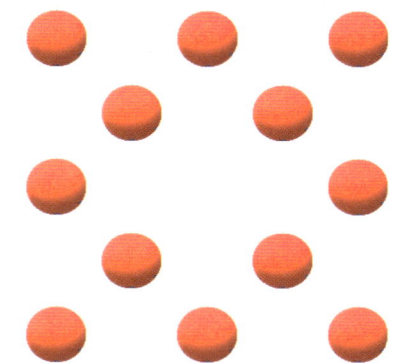

28)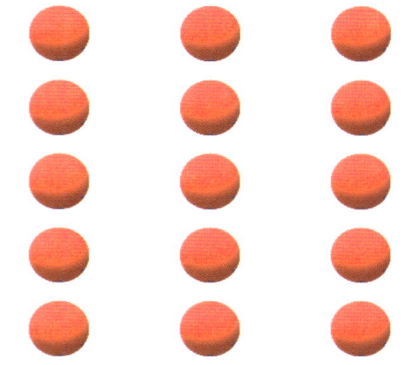

정답 숫자 _____

정답 코드 _____

정답 숫자 _____

정답 코드 _____

- 163 -

 **다음 그림을 숫자, 코드로 나타내시오.**

29)

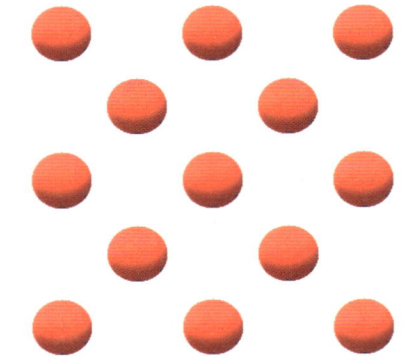

정답  숫자 _____

정답  코드 _____

30)

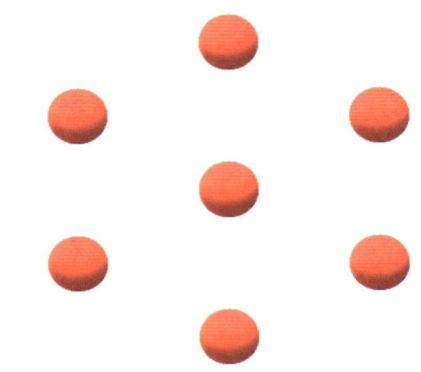

정답  숫자 _____

정답  코드 _____

31)

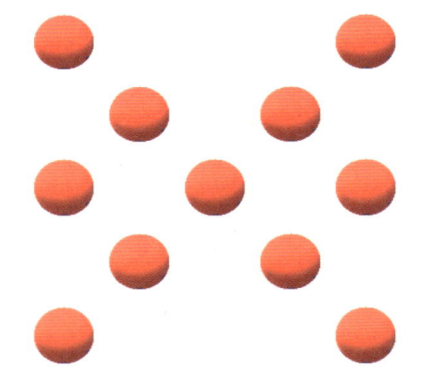

정답  숫자 _____

정답  코드 _____

32)

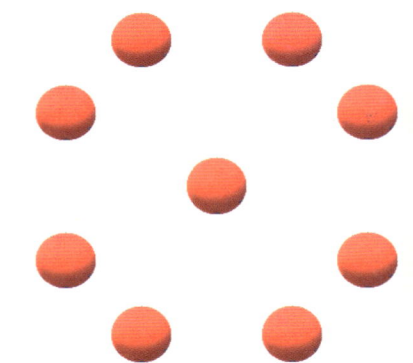

정답  숫자 _____

정답  코드 _____

## 4. 그림의 개수를 세어 코드로 표현하기

**학습 방법**

1단계:
그림의 개수를 세어 보세요.

2단계:
그 숫자에 해당하는 이진 코드를 표기해 보세요.

**학습 효과**

사물에서 숫자를 세는 과정에서 십진법을 거치지 않고 무의식적으로 이진코드로 카운팅 할 수 있도록 기회를 제공하고 익숙하게 만드는 학습효과가 있습니다.

숫자 사고 체계에 영향을 줄 수 있습니다.

십진법과 이진법을 병행하여 학습하면서 숫자의 본질적 의미를 직관적으로 익히는 학습효과가 있습니다.

chapter VI  4. 그림의 개수를 세어 코드로 표현하기

정답 및 풀이214쪽~

#. 다음 그림을 코드로 나타내시오.

예1

예2

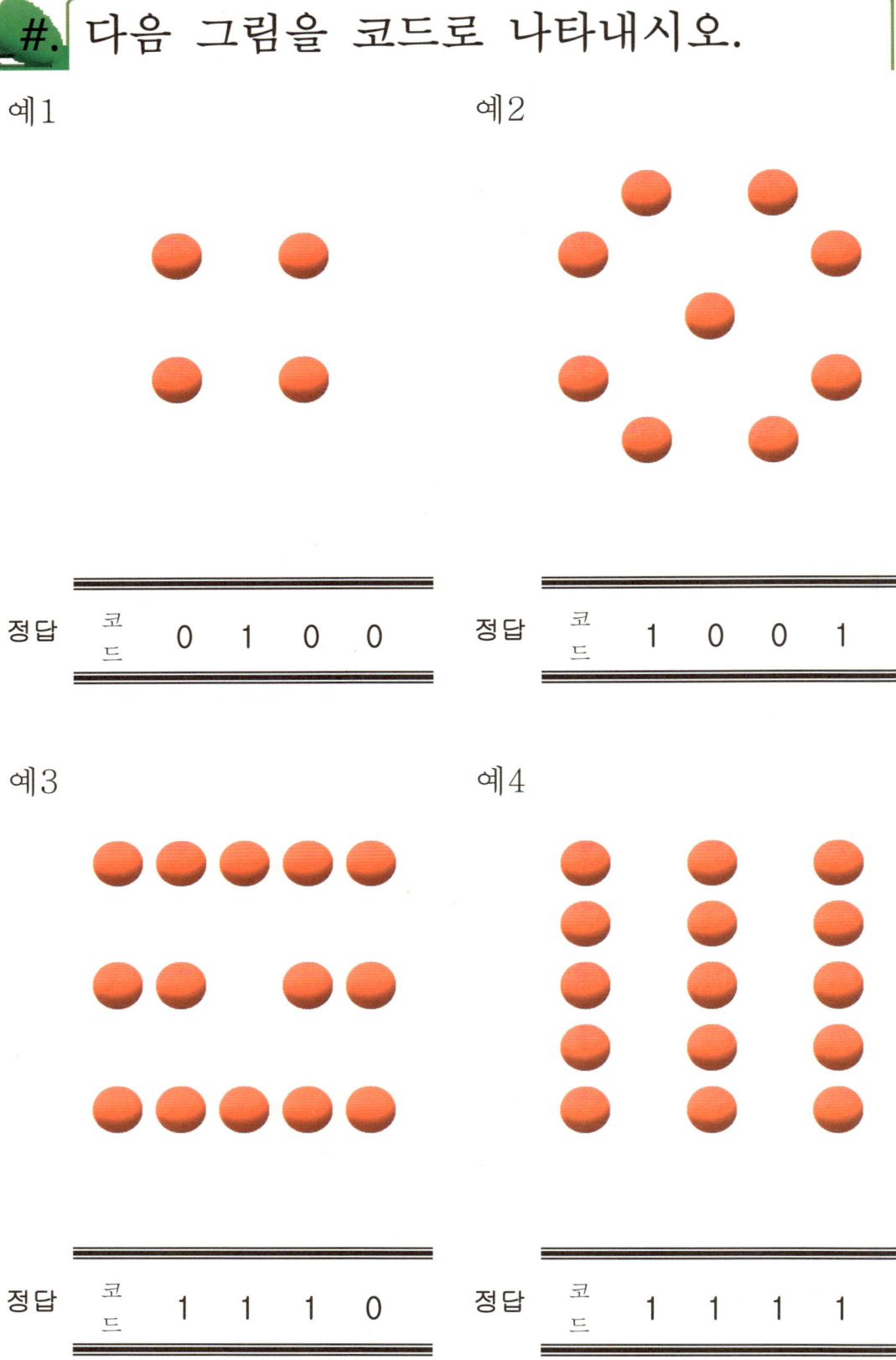

정답  코드  0 1 0 0

정답  코드  1 0 0 1

예3

예4

정답  코드  1 1 1 0

정답  코드  1 1 1 1

#. 다음 그림을 코드로 나타내시오.

33)

34)

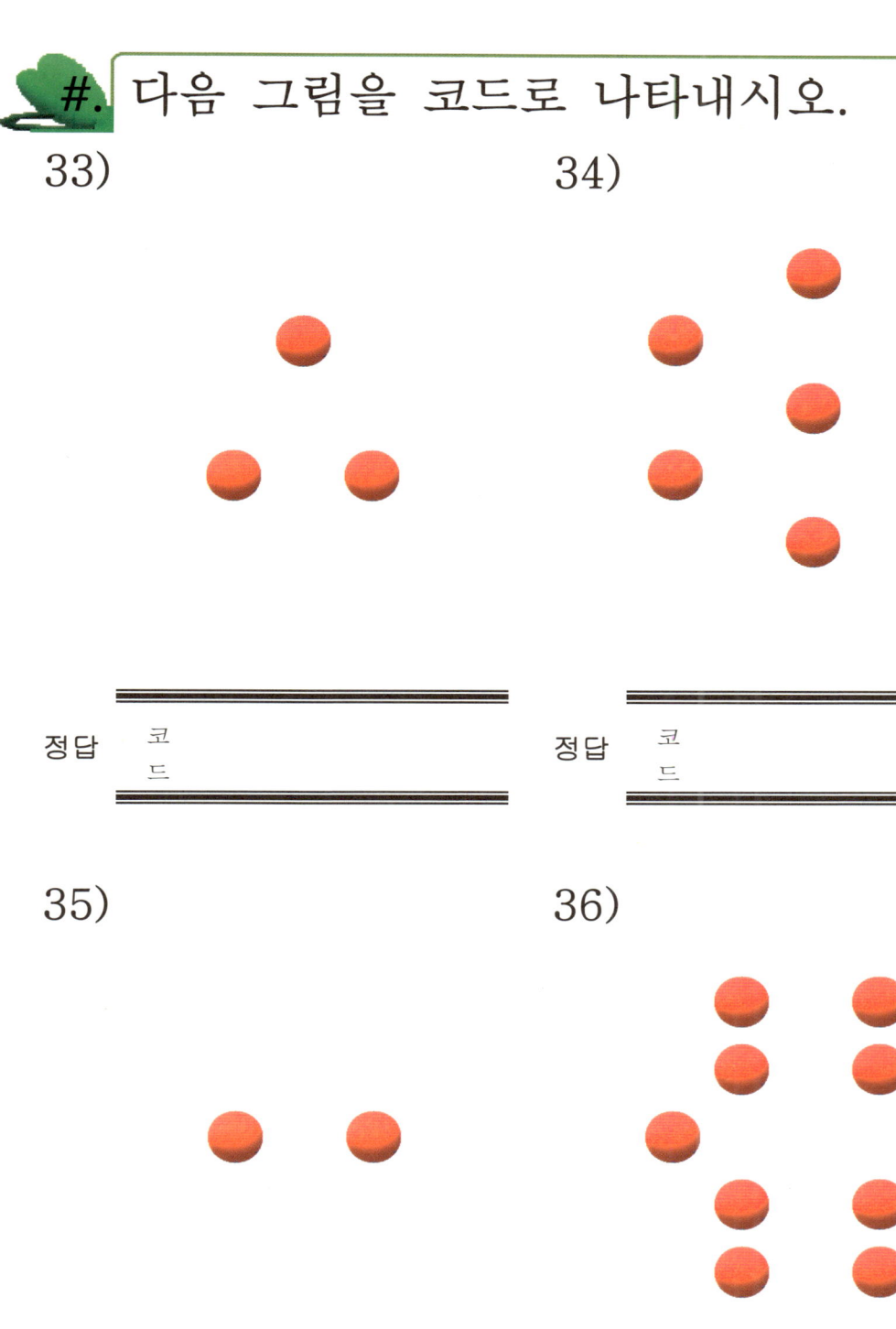

정답 코드 _____

정답 코드 _____

35)

36)

정답 코드 _____

정답 코드 _____

chapter VI     4. 그림의 개수를 세어 코드로 표현하기

#. 다음 그림을 코드로 나타내시오.

37)

38)

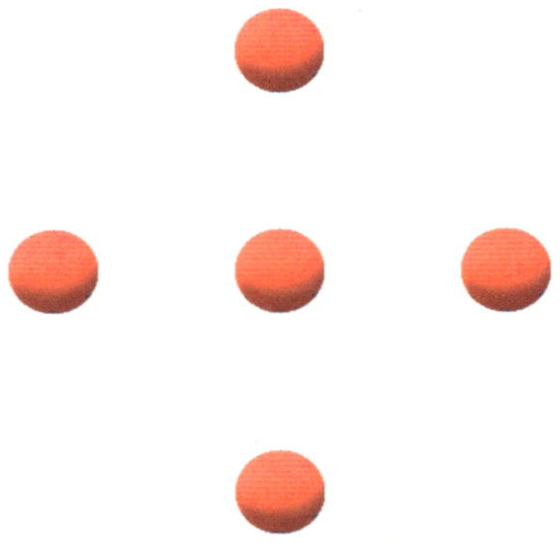

정답 코드 _____

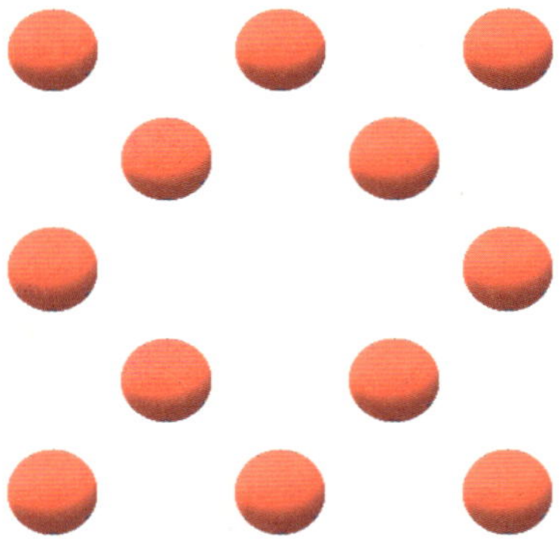

정답 코드 _____

39)

40)

정답 코드 _____

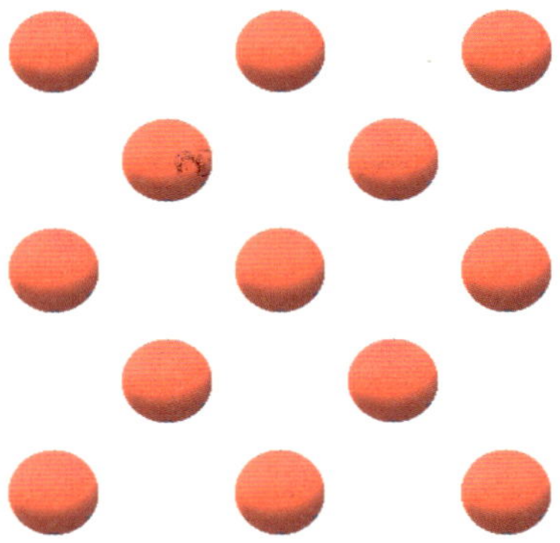

정답 코드 _____

#. 다음 그림을 코드로 나타내시오.

41)

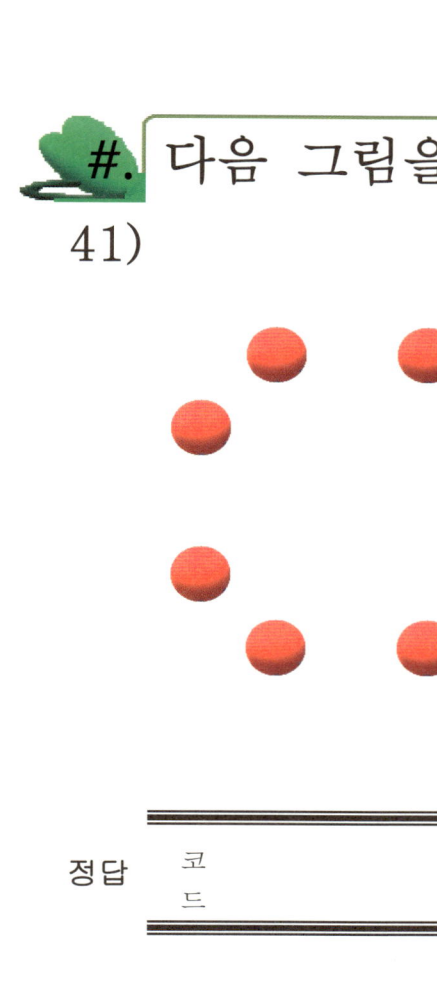

정답  코드

42)

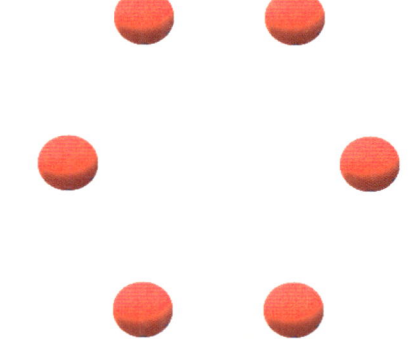

정답  코드

43)

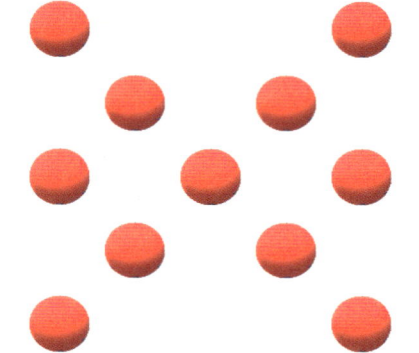

정답  코드

44)

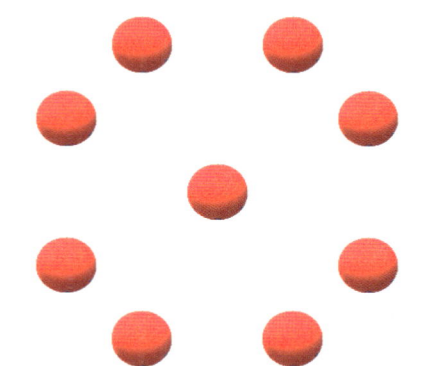

정답  코드

## #. 다음 그림을 코드로 나타내시오.

45)

정답 코드 _____

46)

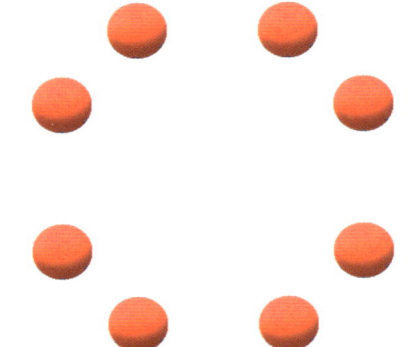

정답 코드 _____

47)

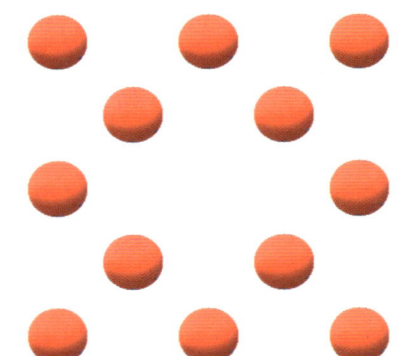

정답 코드 _____

48)

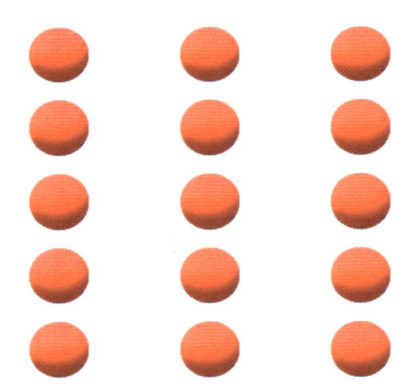

정답 코드 _____

# chapter VI  4. 그림의 개수를 세어 코드로 표현하기

**#. 다음 그림을 코드로 나타내시오.**

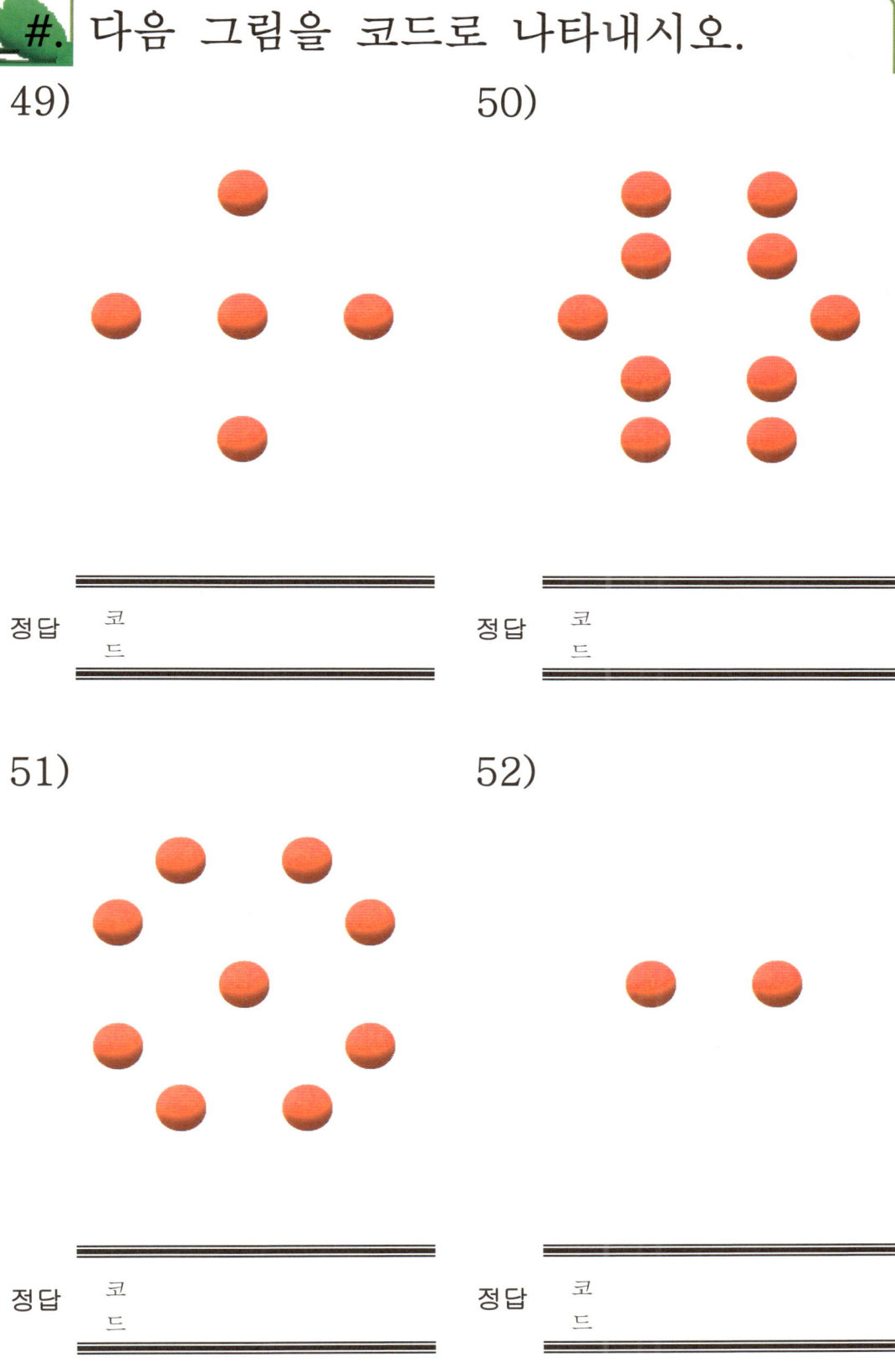

49)

정답  코드 _____

50)

정답  코드 _____

51)

정답  코드 _____

52)

정답  코드 _____

#. 다음 그림을 코드로 나타내시오.

53)

54)

55)

56)

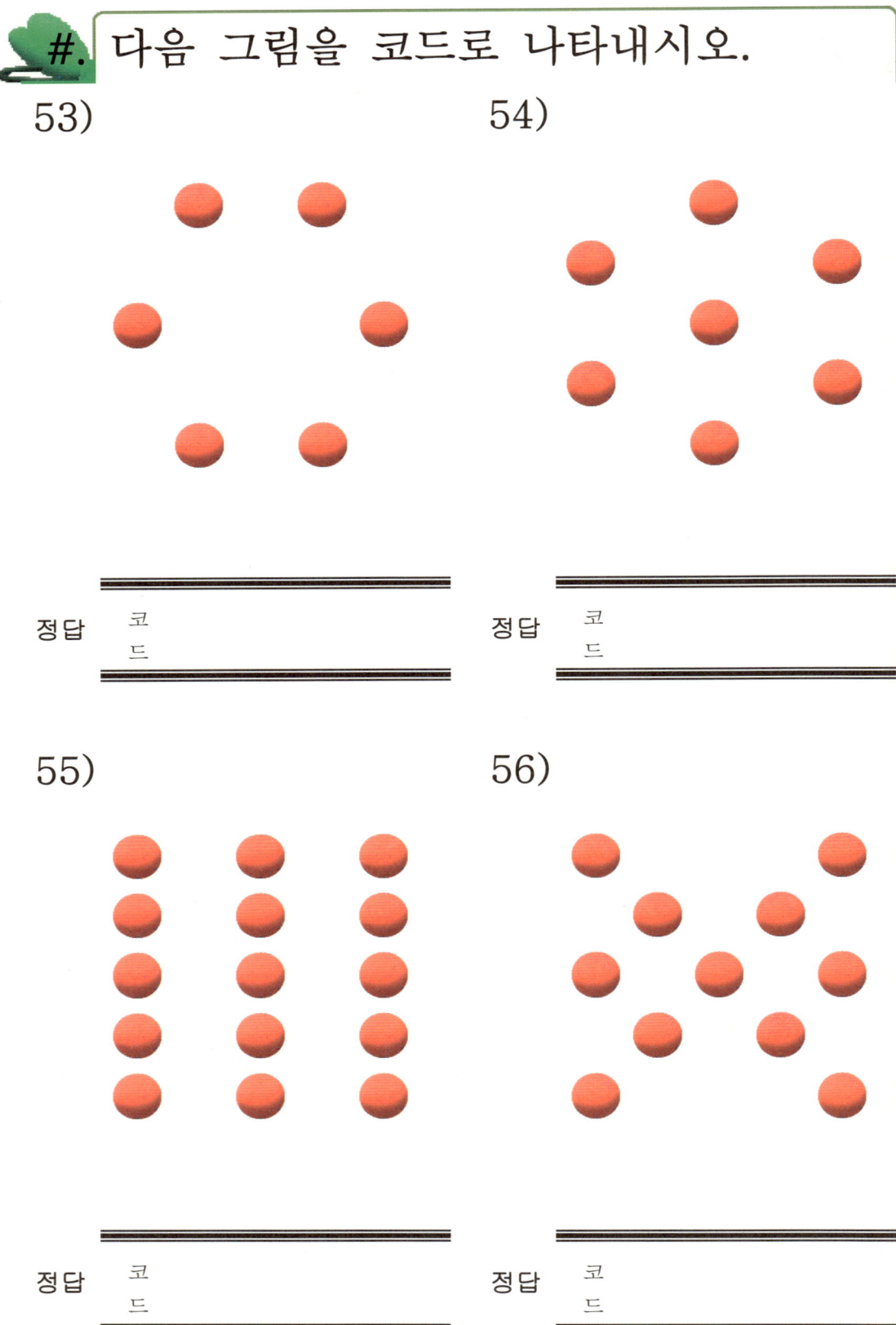

정답 코드 _____

정답 코드 _____

정답 코드 _____

정답 코드 _____

chapter VI   4. 그림의 개수를 세어 코드로 표현하기

#. 다음 그림을 코드로 나타내시오.

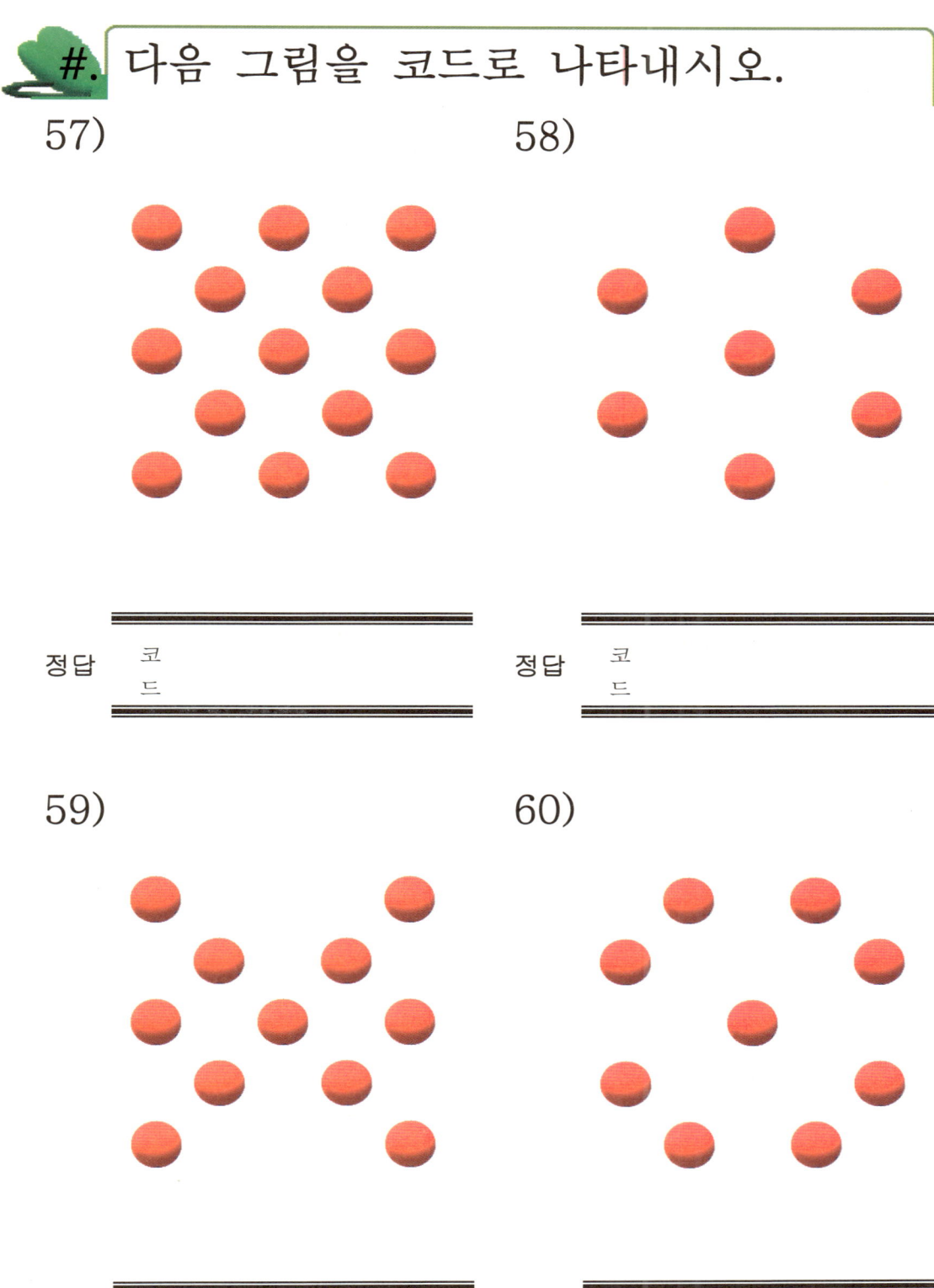

57)

정답 코드 _____

58)

정답 코드 _____

59)

정답 코드 _____

60)

정답 코드 _____

chapter VI  4. 그림의 개수를 세어 코드로 표현하기

 다음 그림을 코드로 나타내시오.

61)                              62)

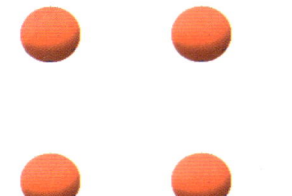             

정답 코드 _____           정답 코드 _____

63)                              64)

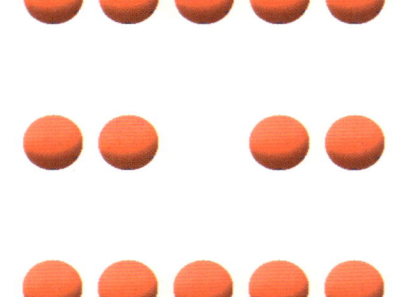             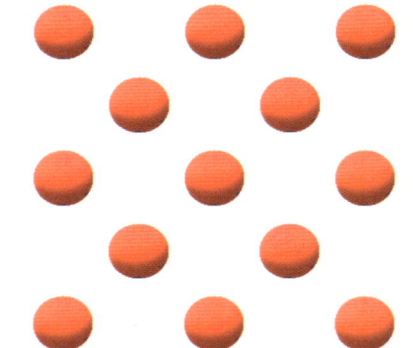

정답 코드 _____           정답 코드 _____

- 174 -

# 정답

| X | 1 | 2 | 3 | 4 | 5 | 6 | 7 | 8 | 9 | A | B | C | D | E | F | 10 |
|---|---|---|---|---|---|---|---|---|---|---|---|---|---|---|---|----|
| 1 | 1 | 2 | 3 | 4 | 5 | 6 | 7 | 8 | 9 | A | B | C | D | E | F | 10 |
| 2 | 2 | 4 | 6 | 8 | A | C | E | 10 | 12 | 14 | 16 | 18 | 1A | 1C | 1E | 20 |
| 3 | 3 | 6 | 9 | C | F | 12 | 15 | 18 | 1B | 1E | 21 | 24 | 27 | 2A | 2D | 30 |
| 4 | 4 | 8 | C | 10 | 14 | 18 | 1C | 20 | 24 | 28 | 2C | 30 | 34 | 38 | 3C | 40 |
| 5 | 5 | A | F | 14 | 19 | 1E | 23 | 28 | 2D | 32 | 37 | 3C | 41 | 46 | 4B | 50 |
| 6 | 6 | C | 12 | 18 | 1E | 24 | 2A | 30 | 36 | 3C | 42 | 48 | 4E | 54 | 5A | 60 |
| 7 | 7 | E | 15 | 1C | 23 | 2A | 31 | 38 | 3F | 46 | 4D | 54 | 5B | 62 | 69 | 70 |
| 8 | 8 | 10 | 18 | 20 | 28 | 30 | 38 | 40 | 48 | 50 | 58 | 60 | 68 | 70 | 78 | 80 |
| 9 | 9 | 12 | 1B | 24 | 2D | 36 | 3F | 48 | 51 | 5A | 63 | 6C | 75 | 7E | 87 | 90 |
| A | A | 14 | 1E | 28 | 32 | 3C | 46 | 50 | 5A | 64 | 6E | 78 | 82 | 8C | 96 | A0 |
| B | B | 16 | 21 | 2C | 37 | 42 | 4D | 58 | 63 | 6E | 79 | 84 | 8F | 9A | A5 | B0 |
| C | C | 18 | 24 | 30 | 3C | 48 | 54 | 60 | 6C | 78 | 84 | 90 | 9C | A8 | B4 | C0 |
| D | D | 1A | 27 | 34 | 41 | 4E | 5B | 68 | 75 | 82 | 8F | 9C | A9 | B6 | C3 | D0 |
| E | E | 1C | 2A | 38 | 46 | 54 | 62 | 70 | 7E | 8C | 9A | A8 | B6 | C4 | D2 | E0 |
| F | F | 1E | 2D | 3C | 4B | 5A | 69 | 78 | 87 | 96 | A5 | B4 | C3 | D2 | E1 | F0 |
| 10 | 10 | 20 | 30 | 40 | 50 | 60 | 70 | 80 | 90 | A0 | B0 | C0 | D0 | E0 | F0 | 100 |

**chapter I.**
그림의 개수를 세어 **숫자가 있는 표 그림**으로 확인하기

1. 색깔 힌트가 있는 그림을 보고 **숫자가 있는 표**에 색칠하기

1) 정답

2) 정답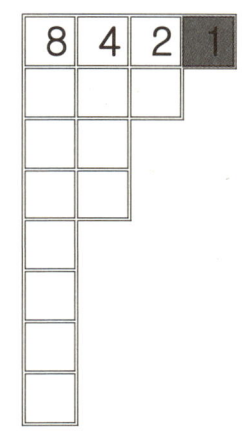

3) 정답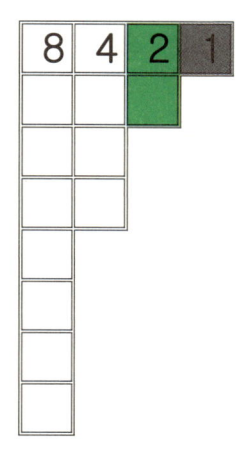

4) 정답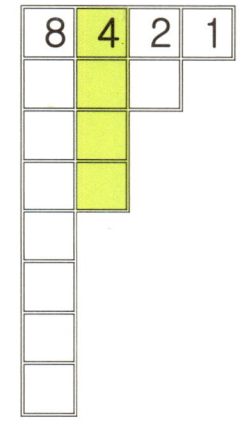

5) 정답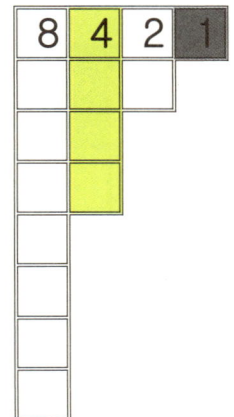

6) 정답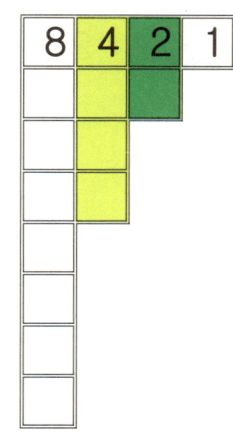

7) 정답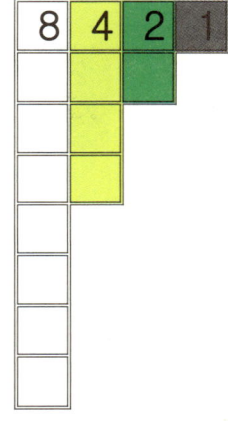

8) 정답

9) 정답

10) 정답

11) 정답

12) 정답

13) 정답

14) 정답

15) 정답

16) 정답

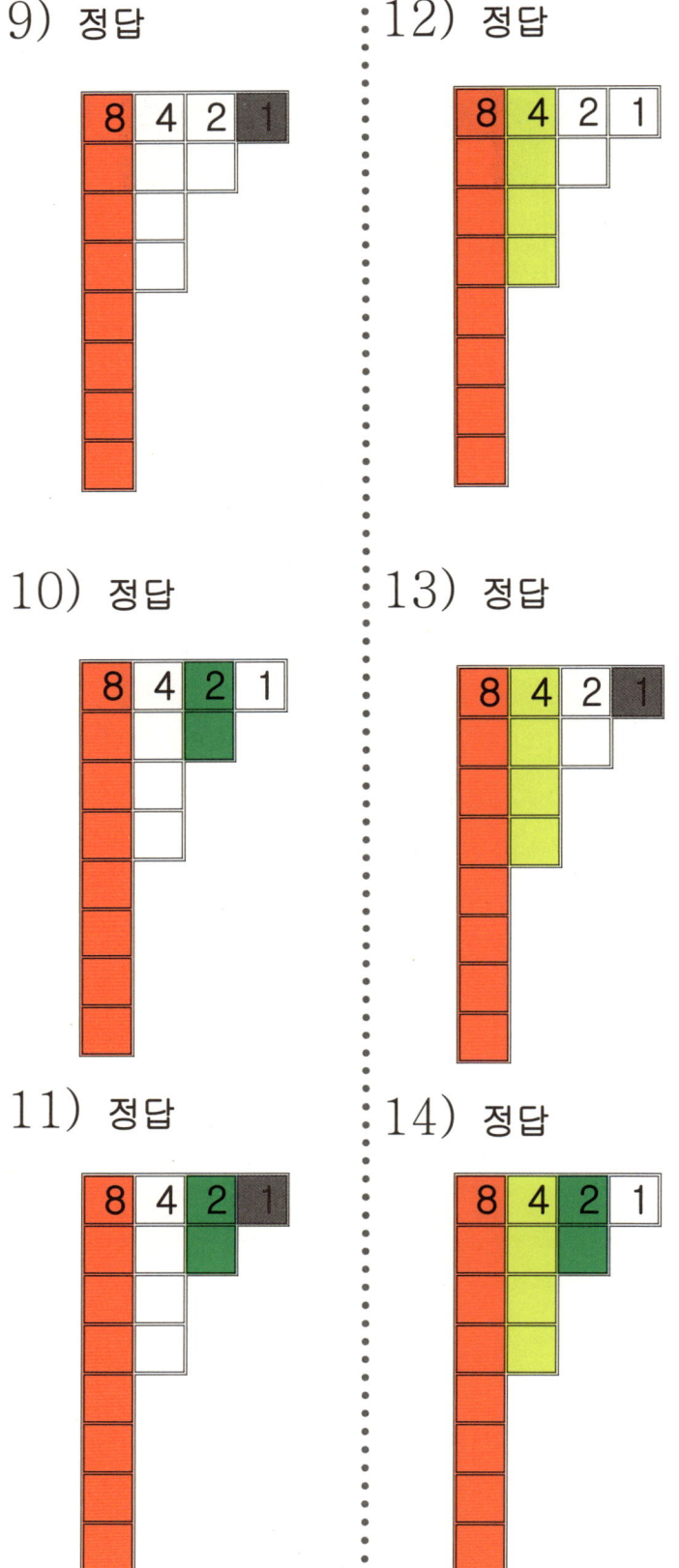
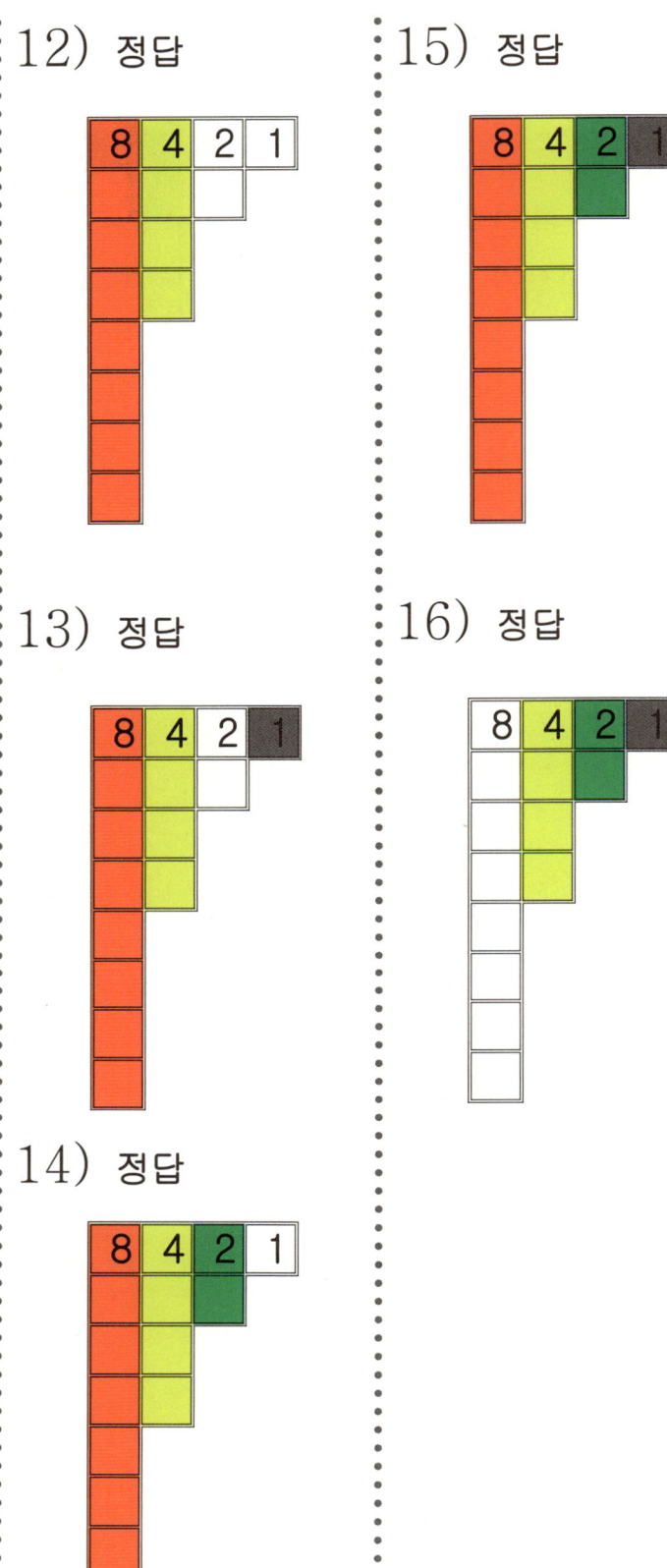

2. 색깔 힌트가 없는 그림을 보고 숫자가 있는 표에 색칠하기

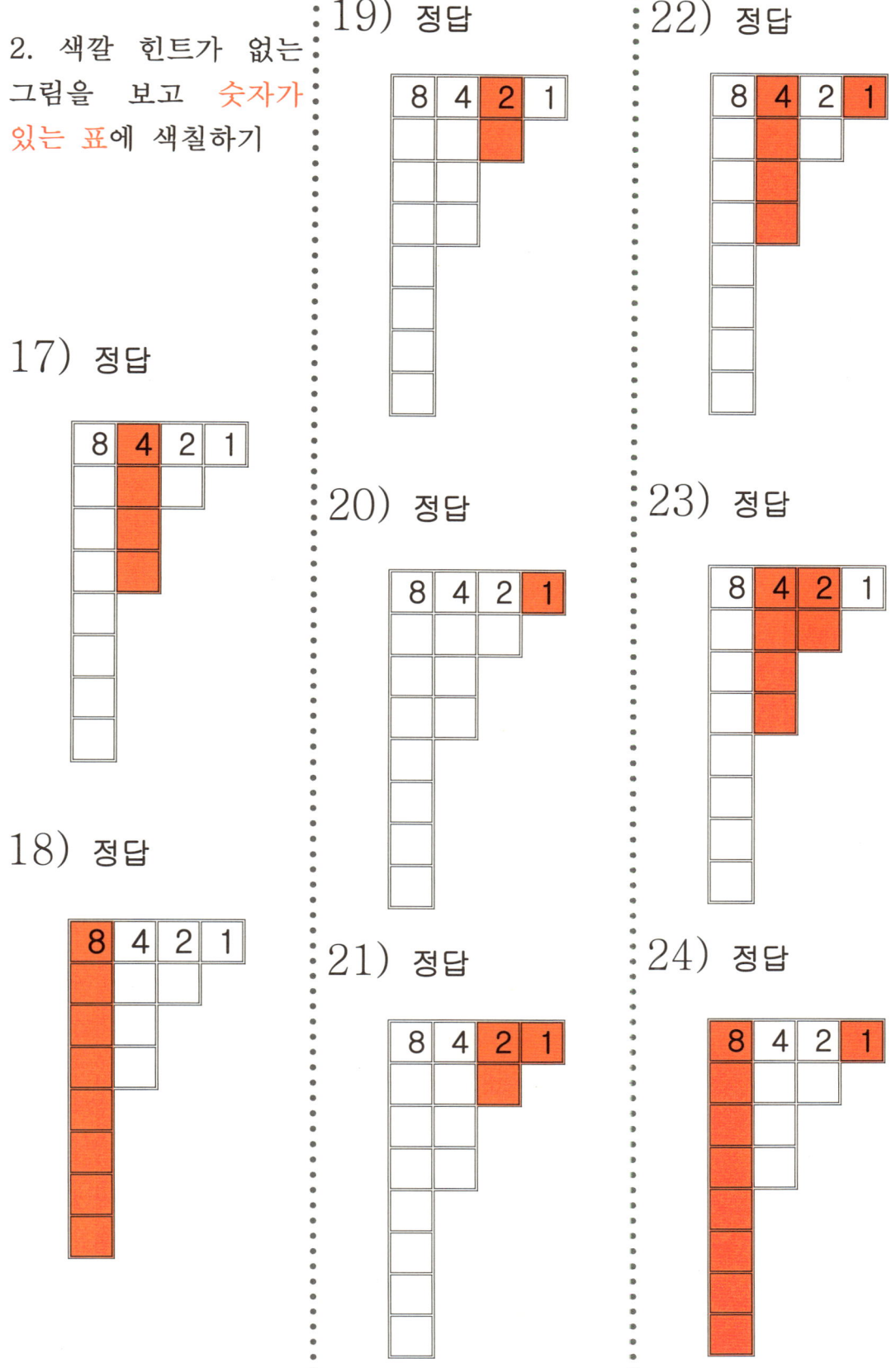

25) 정답

26) 정답

27) 정답

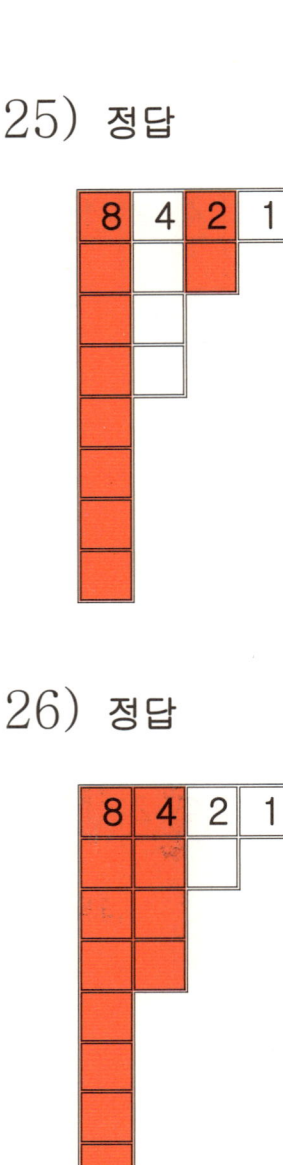
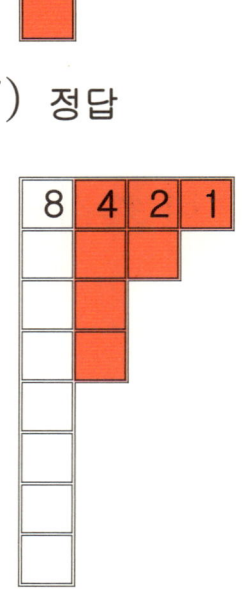

28) 정답

29) 정답

30) 정답

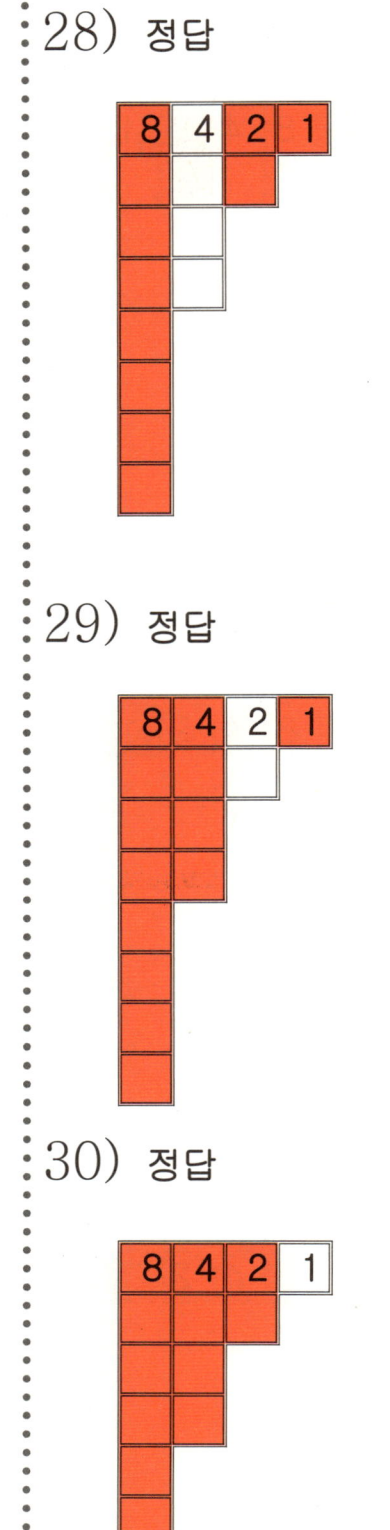

31) 정답

32) 정답

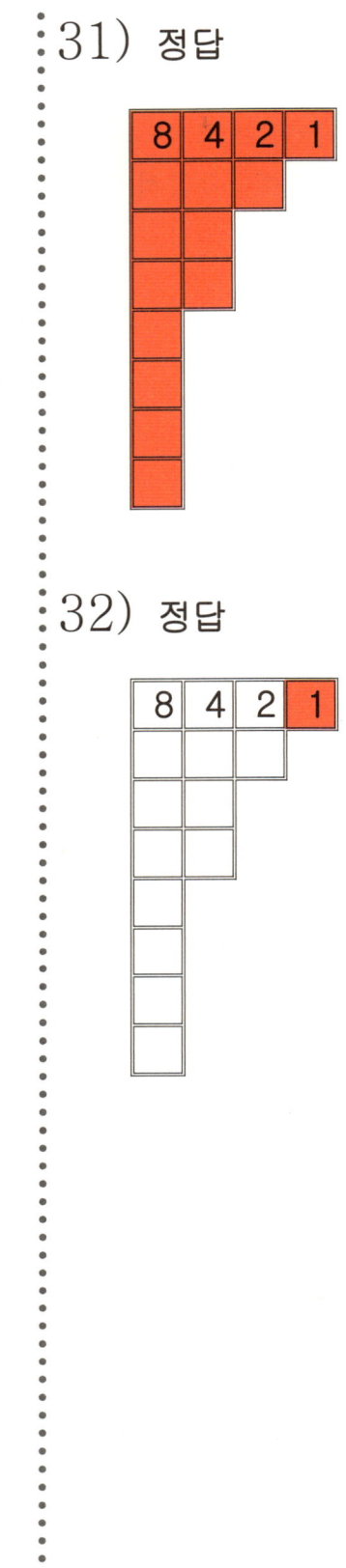

**3. 숫자가 있는 표 그림**을 보고 숫자로 표현하기

33) 정답

$4 + 1 = 5$

34) 정답

$2$

35) 정답

$2$

36) 정답

$4$

37) 정답

$1$

38) 정답

$8 + 1 = 9$

39) 정답

$2 + 1 = 3$

40) 정답

$4 + 1 = 5$

41) 정답

$8 + 4 + 2 = 14$

42) 정답

$8 + 2 = 10$

43) 정답

$4 + 2 = 6$

44) 정답

$4 + 2 + 1 = 7$

45) 정답

$8 + 2 + 1 = 11$

46) 정답

$8 + 4 + 2 + 1 = 15$

47) 정답

$4$

48) 정답

$8$

49) 정답

$8 + 4 = 12$

50) 정답

$8 + 4 + 1 = 13$

51) 정답

$4$

52) 정답

$2$

53) 정답

$8 + 1 = 9$

54) 정답

$1$

55) 정답

$4 + 1 = 5$

56) 정답

$2 + 1 = 3$

57) 정답

$8 + 2 = 10$

58) 정답

  8 + 4 + 2 = 14

59) 정답

  4 + 2 + 1 = 7

60) 정답

  4 + 2 = 6

61) 정답

  8 + 4 + 2 + 1 = 15

62) 정답

  8 + 2 + 1 = 11

63) 정답

    8

64) 정답

    4

65) 정답

  8 + 4 + 1 = 13

66) 정답

  8 + 4 = 12

4. 숫자를 보고
숫자가 있는 표 그림
색칠하기

67) 정답

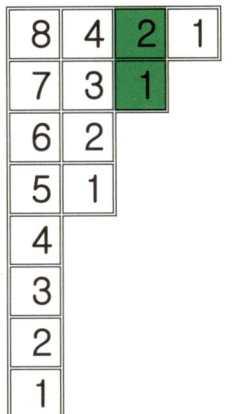

68) 정답

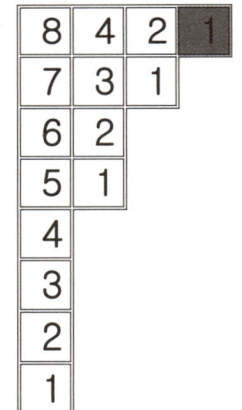

69) 정답

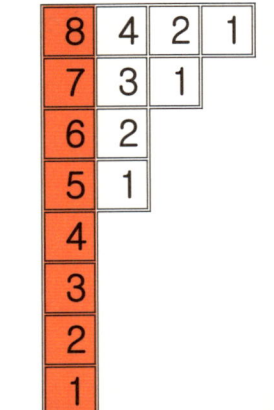

70) 정답

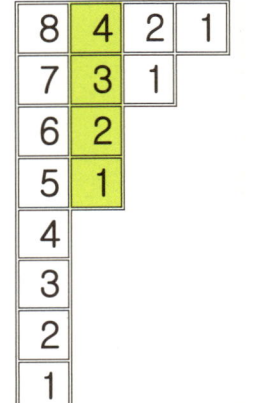

71) 정답

## 72) 정답

| 8 | 4 | 2 | 1 |
|---|---|---|---|
| 7 | 3 | 1 | |
| 6 | 2 | | |
| 5 | 1 | | |
| 4 | | | |
| 3 | | | |
| 2 | | | |
| 1 | | | |

## 73) 정답

| 8 | 4 | 2 | 1 |
|---|---|---|---|
| 7 | 3 | 1 | |
| 6 | 2 | | |
| 5 | 1 | | |
| 4 | | | |
| 3 | | | |
| 2 | | | |
| 1 | | | |

## 74) 정답

| 8 | 4 | 2 | 1 |
|---|---|---|---|
| 7 | 3 | 1 | |
| 6 | 2 | | |
| 5 | 1 | | |
| 4 | | | |
| 3 | | | |
| 2 | | | |
| 1 | | | |

## 75) 정답

| 8 | 4 | 2 | 1 |
|---|---|---|---|
| 7 | 3 | 1 | |
| 6 | 2 | | |
| 5 | 1 | | |
| 4 | | | |
| 3 | | | |
| 2 | | | |
| 1 | | | |

## 76) 정답

| 8 | 4 | 2 | 1 |
|---|---|---|---|
| 7 | 3 | 1 | |
| 6 | 2 | | |
| 5 | 1 | | |
| 4 | | | |
| 3 | | | |
| 2 | | | |
| 1 | | | |

## 77) 정답

| 8 | 4 | 2 | 1 |
|---|---|---|---|
| 7 | 3 | 1 | |
| 6 | 2 | | |
| 5 | 1 | | |
| 4 | | | |
| 3 | | | |
| 2 | | | |
| 1 | | | |

## 78) 정답

| 8 | 4 | 2 | 1 |
|---|---|---|---|
| 7 | 3 | 1 | |
| 6 | 2 | | |
| 5 | 1 | | |
| 4 | | | |
| 3 | | | |
| 2 | | | |
| 1 | | | |

## 79) 정답

| 8 | 4 | 2 | 1 |
|---|---|---|---|
| 7 | 3 | 1 | |
| 6 | 2 | | |
| 5 | 1 | | |
| 4 | | | |
| 3 | | | |
| 2 | | | |
| 1 | | | |

## 80) 정답

| 8 | 4 | 2 | 1 |
|---|---|---|---|
| 7 | 3 | 1 | |
| 6 | 2 | | |
| 5 | 1 | | |
| 4 | | | |
| 3 | | | |
| 2 | | | |
| 1 | | | |

81) 정답

84) 정답

87) 정답

82) 정답

85) 정답

88) 정답

83) 정답

86) 정답

89) 정답

90) 정답

91) 정답

92) 정답

93) 정답

94) 정답

95) 정답

96) 정답

97) 정답

98) 정답

**chapter Ⅱ.**
  **숫자가 표시되지 않은 표 그림으로 확인하기**

**1. 숫자가 표시되지 않은 표 그림을 숫자로 표현하기**

1) 정답

    4

2) 정답

    8

3) 정답

    1

4) 정답

    2

5) 정답

    8 + 1 = 9

6) 정답

    4 + 2 = 6

7) 정답

    4 + 1 = 5

8) 정답

    2 + 1 = 3

9) 정답

    8 + 4 + 2 = 14

10) 정답

    8 + 2 + 1 = 11

11) 정답

    8 + 4 + 1 = 13

12) 정답

    4 + 2 + 1 = 7

13) 정답

    8+4+2+1=15

14) 정답

    8 + 1 = 9

15) 정답

    8 + 4 = 12

16) 정답

    8 + 2 = 10

17) 정답

    8

18) 정답

    4

19) 정답

    2

20) 정답

    1

21) 정답

    8 + 1 = 9

22) 정답

    4 + 2 = 6

23) 정답

    4 + 1 = 5

24) 정답

    2 + 1 = 3

25) 정답

　8 + 2 + 1 = 11

26) 정답

　8 + 4 + 2 = 14

27) 정답

　4 + 2 + 1 = 7

28) 정답

　8 + 4 + 1 = 13

29) 정답

　　8 + 1 = 9

30) 정답

　8+ 4+ 2+ 1=15

31) 정답

　　8 + 2 = 10

32) 정답

　　8 + 4 = 12

2. 숫자를 보고 숫자가 표시되지 않은 표 그림 색칠하기

33) 정답

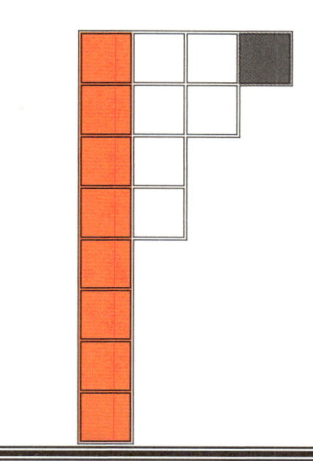

34) 정답

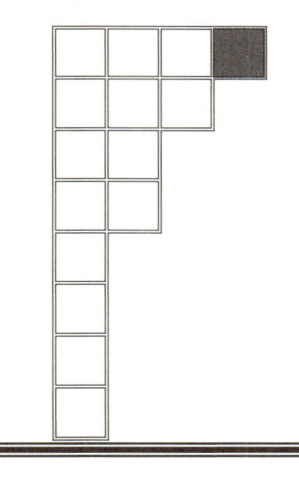

35) 정답

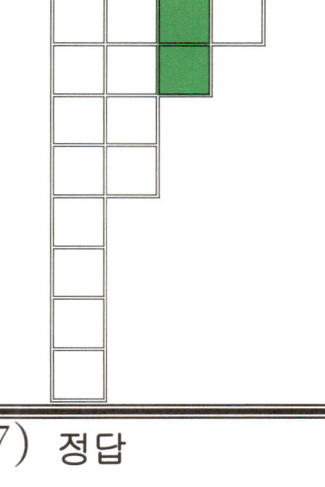

36) 정답

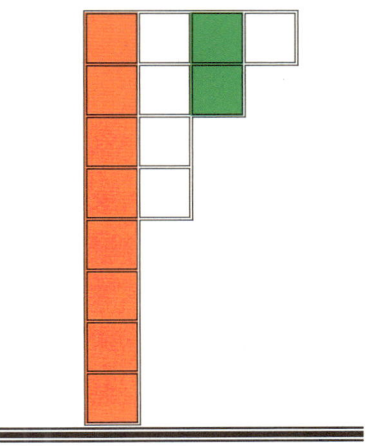

37) 정답

- 187 -

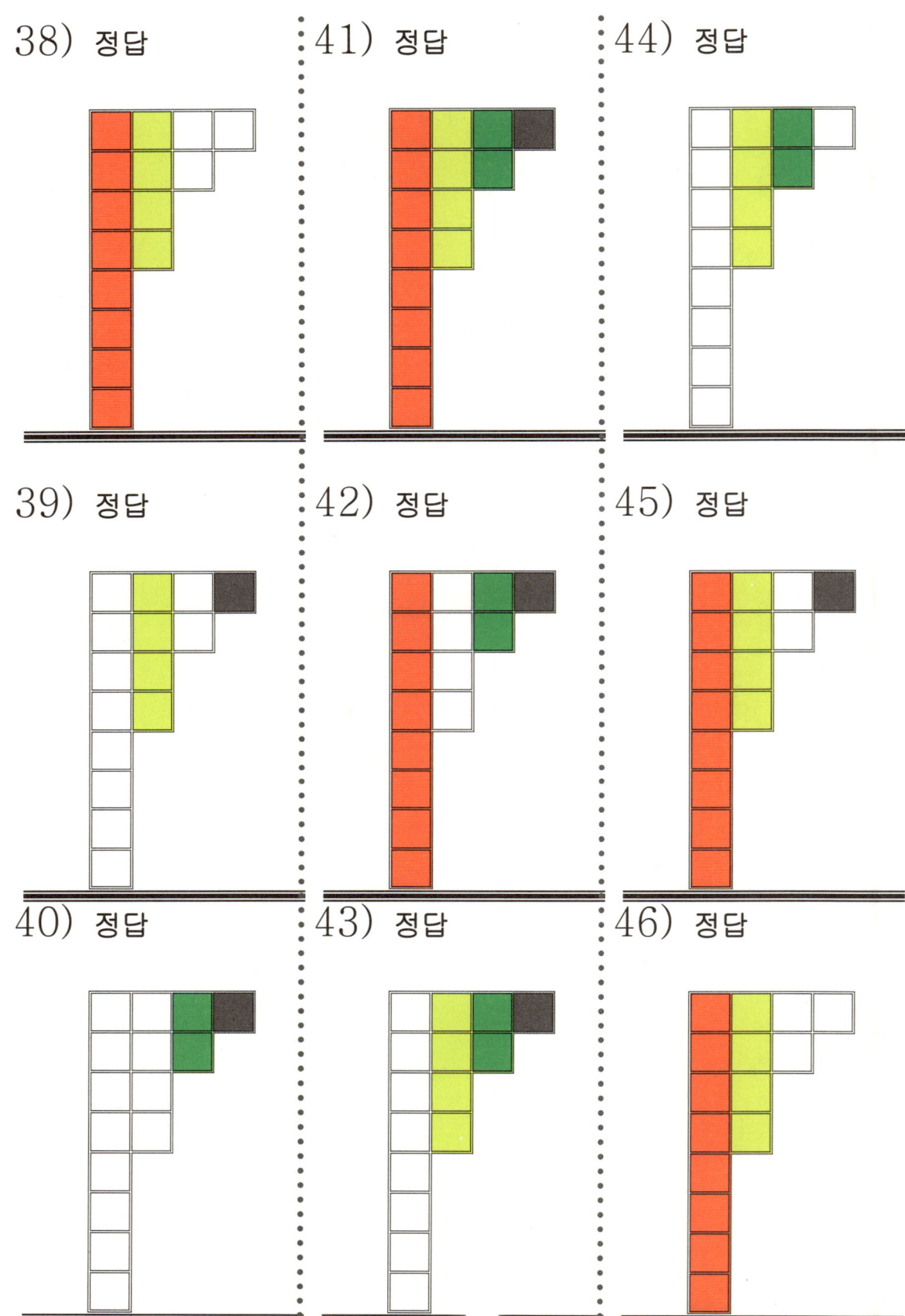

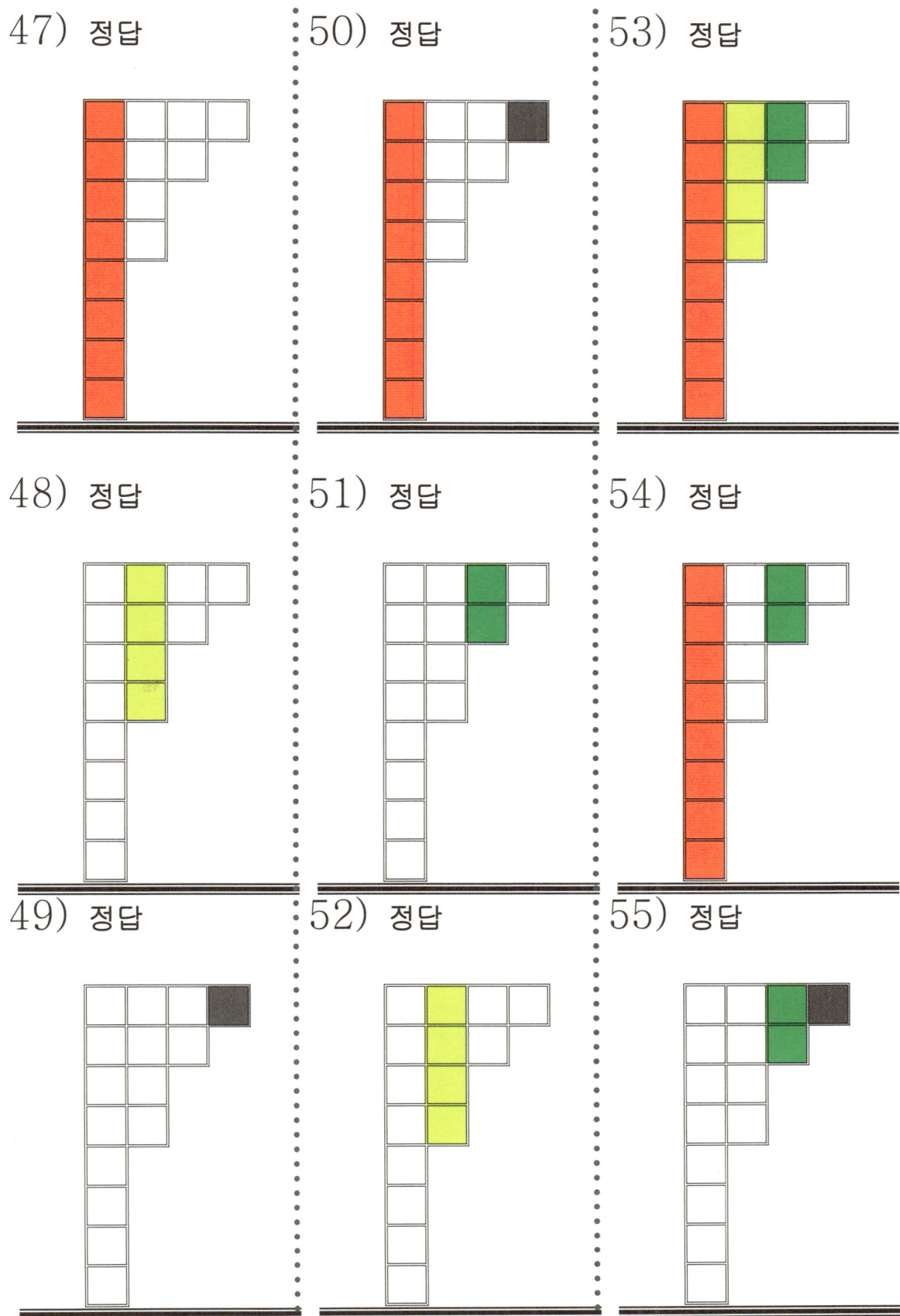

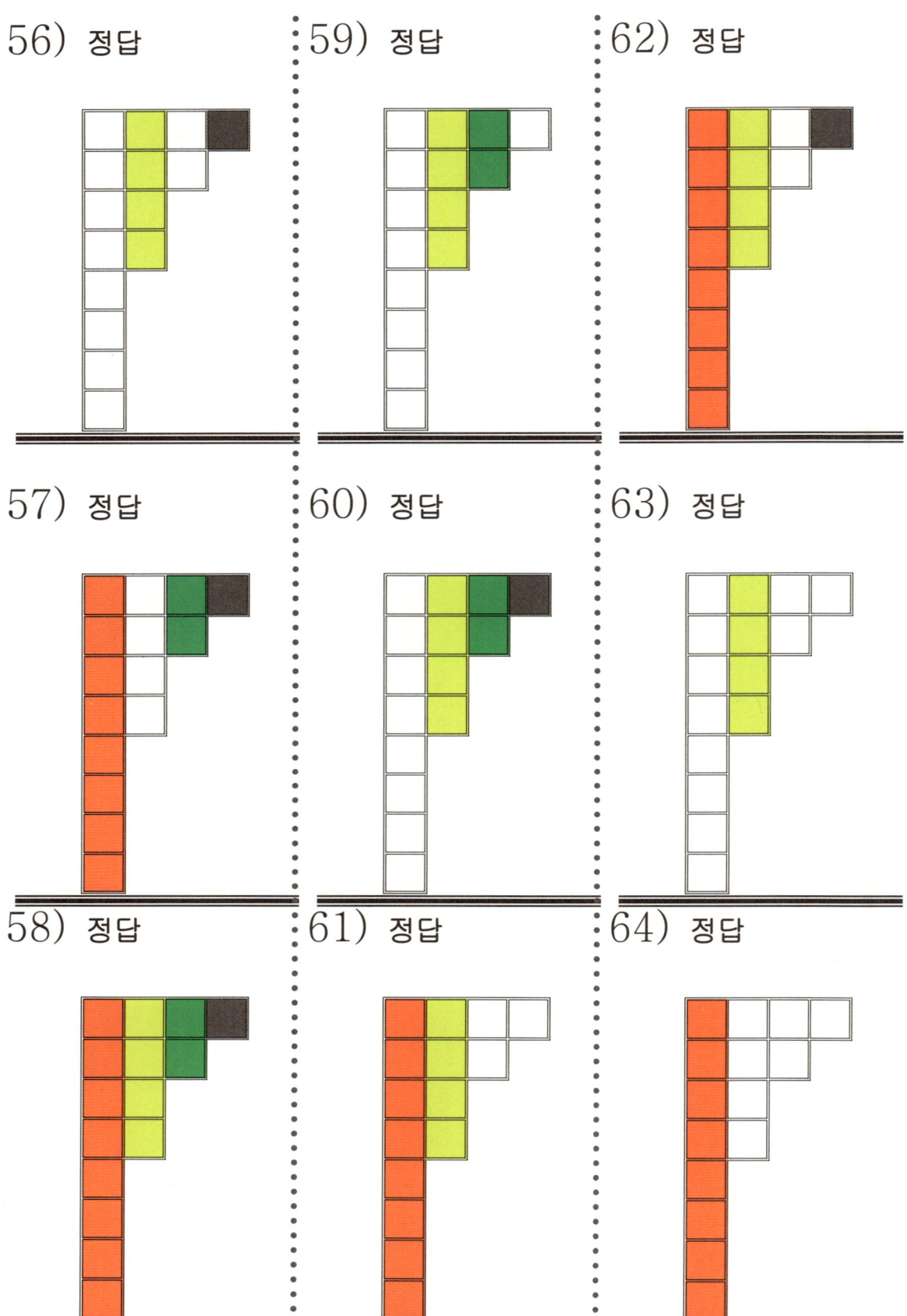

## chapter Ⅲ. 숫자가 표시된 코드표 확인하기

**1. 그림을 보고 개수를 세어 숫자가 표시된 코드표 색칠하기**

1) 정답
| 8 | 4 | **2** | 1 |

2) 정답
| 8 | 4 | 2 | **1** |

3) 정답
| 8 | 4 | **2** | **1** |

4) 정답
| 8 | **4** | 2 | **1** |

5) 정답
| 8 | **4** | **2** | 1 |

6) 정답
| **8** | **4** | 2 | **1** |

7) 정답
| **8** | 4 | **2** | 1 |

8) 정답
| **8** | **4** | 2 | 1 |

9) 정답
| 8 | **4** | 2 | 1 |

10) 정답
| **8** | 4 | 2 | 1 |

11) 정답
| **8** | **4** | 2 | **1** |

12) 정답
| **8** | **4** | **2** | **1** |

13) 정답
| **8** | **4** | **2** | 1 |

14) 정답
| **8** | **4** | **2** | 1 |

15) 정답
| **8** | **4** | **2** | **1** |

16) 정답
| **8** | 4 | 2 | **1** |

**2. 숫자가 표시된 코드표 보고 숫자로 표현하기**

17) 정답
합 $4 + 2 = 6$
정답 $6$

18) 정답
합 $8 + 4 + 2 = 14$
정답 $14$

19) 정답
합 $8 + 2 + 1 = 11$
정답 $11$

20) 정답
합 $1$
정답 $1$

21) 정답
합 $2$
정답 $2$

22) 정답
합정답  $4 + 1 = 5$
       $5$

23) 정답
합정답  $8 + 2 = 10$
       $10$

24) 정답
합정답  $4$
       $4$

25) 정답
합정답  $8$
       $8$

26) 정답
합정답  $8 + 4 = 12$
       $12$

27) 정답
합정답  $2 + 1 = 3$
       $3$

28) 정답
합정답  $4 + 2 = 6$
       $6$

29) 정답
합정답  $8 + 4 = 12$
       $12$

30) 정답
합정답  $8 + 4 + 1 = 13$
       $13$

31) 정답
합정답  $8 + 4 + 2 + 1 = 15$
       $15$

32) 정답
합정답  $8 + 1 = 9$
       $9$

33) 정답
합정답  $1$
       $1$

34) 정답
합정답  $4 + 2 + 1 = 7$
       $7$

35) 정답
합정답  $8 + 4 + 2 = 14$
       $14$

36) 정답
합정답  $2$
       $2$

37) 정답
합정답  $4 + 1 = 5$
       $5$

38) 정답
합정답  $8 + 2 + 1 = 11$
       $11$

39) 정답
합정답  $4$
       $4$

40) 정답
합정답  8 + 2 = 10
         10

41) 정답
합정답  8 + 4 + 2 = 14
         14

42) 정답
합정답  8 + 2 + 1 = 11
         11

43) 정답
합정답     8
           8

44) 정답
합정답  8 + 4 + 1 = 13
         13

45) 정답
합정답  8 + 4 = 12
         12

46) 정답
합정답  4 + 1 = 5
         5

47) 정답
합정답  8 + 1 = 9
         9

48) 정답
합정답  2 + 1 = 3
         3

49) 정답
합정답  8 + 2 + 1 = 11
         11

50) 정답
합정답  8 + 4 + 2 + 1 = 15
         15

51) 정답
합정답  4 + 2 = 6
         6

52) 정답
합정답     8
           8

53) 정답
합정답     2
           2

54) 정답
합정답  8 + 2 = 10
         10

55) 정답
합정답  8 + 4 + 2 = 14
         14

56) 정답
합정답  4 + 2 + 1 = 7
         7

**3. 숫자를 보고 숫자가 표시된 코드표 색칠하기**

57) 정답
숫자 분할 정답
5 = 4 + 1
| 8 | 4 | 2 | 1 |

58) 정답
숫자 분할 정답
9 = 8 + 1
| 8 | 4 | 2 | 1 |

59) 정답
숫자 분할 정답
3 = 2 + 1
| 8 | 4 | 2 | 1 |

60) 정답
숫자 분할 정답
4 = 4
| 8 | 4 | 2 | 1 |

61) 정답
숫자 분할 정답
12 = 8 + 4
| 8 | 4 | 2 | 1 |

62) 정답
숫자 분할 정답
8 = 8
| 8 | 4 | 2 | 1 |

63) 정답
숫자 분할 정답
13 = 8 + 4 + 1
| 8 | 4 | 2 | 1 |

64) 정답
숫자 분할 정답
10 = 8 + 2
| 8 | 4 | 2 | 1 |

65) 정답
숫자 분할 정답
6 = 4 + 2
| 8 | 4 | 2 | 1 |

66) 정답
숫자 분할 정답
5 = 4 + 1
| 8 | 4 | 2 | 1 |

67) 정답
숫자 분할 정답
14 = 8 + 4 + 2
| 8 | 4 | 2 | 1 |

68) 정답
숫자 분할 정답
7 = 4 + 2 + 1
| 8 | 4 | 2 | 1 |

69) 정답
숫자 분할 정답
9 = 8 + 1
| 8 | 4 | 2 | 1 |

70) 정답
숫자 분할 정답
15 = 8 + 4 + 2 + 1
| 8 | 4 | 2 | 1 |

71) 정답
숫자 분할 정답
11 = 8 + 2 + 1
| 8 | 4 | 2 | 1 |

72) 정답
숫자 분할 정답
1 = 1
| 8 | 4 | 2 | 1 |

73) 정답
숫자 분할 정답
4 = 4
| 8 | 4 | 2 | 1 |

74) 정답
숫자분할
$6 = 4 + 2$
정답 | 8 | 4 | 2 | 1 |

75) 정답
숫자분할
$10 = 8 + 2$
정답 | 8 | 4 | 2 | 1 |

76) 정답
숫자분할
$13 = 8 + 4 + 1$
정답 | 8 | 4 | 2 | 1 |

77) 정답
숫자분할
$8 = 8$
정답 | 8 | 4 | 2 | 1 |

78) 정답
숫자분할
$3 = 2 + 1$
정답 | 8 | 4 | 2 | 1 |

79) 정답
숫자분할
$5 = 4 + 1$
정답 | 8 | 4 | 2 | 1 |

80) 정답
숫자분할
$12 = 8 + 4$
정답 | 8 | 4 | 2 | 1 |

81) 정답
숫자분할
$7 = 4 + 2 + 1$
정답 | 8 | 4 | 2 | 1 |

82) 정답
숫자분할
$2 = 2$
정답 | 8 | 4 | 2 | 1 |

83) 정답
숫자분할
$14 = 8 + 4 + 2$
정답 | 8 | 4 | 2 | 1 |

84) 정답
숫자분할
$6 = 4 + 2$
정답 | 8 | 4 | 2 | 1 |

85) 정답
숫자분할
$1 = 1$
정답 | 8 | 4 | 2 | 1 |

86) 정답
숫자분할
$11 = 8 + 2 + 1$
정답 | 8 | 4 | 2 | 1 |

87) 정답
숫자분할
$9 = 8 + 1$
정답 | 8 | 4 | 2 | 1 |

88) 정답
숫자분할
$15 = 8 + 4 + 2 + 1$
정답 | 8 | 4 | 2 | 1 |

89) 정답
숫자분할
$13 = 8 + 4 + 1$
정답 | 8 | 4 | 2 | 1 |

90) 정답
숫자분할
$14 = 8 + 4 + 2$
정답 | 8 | 4 | 2 | 1 |

91) 정답
숫자분할
$7 = 4 + 2 + 1$
정답 | 8 | 4 | 2 | 1 |

92) 정답

숫자 분할 정답   2 = 2

| 8 | 4 | 2 | 1 |

93) 정답

숫자 분할 정답   10 = 8 + 2

| 8 | 4 | 2 | 1 |

94) 정답

숫자 분할 정답   4 = 4

| 8 | 4 | 2 | 1 |

chapter Ⅳ. 숫자가 표시되지 않은 코드표 확인하기

1. 숫자가 표시되지 않은 코드표 보고 숫자로 표현하기

1) 정답
합   1 = 1
정답   1

2) 정답
합   8+ 4+ 2=14
정답   14

3) 정답
합   8+ 4+ 1=13
정답   13

4) 정답
합   2 + 1 = 3
정답   3

5) 정답
합   4 + 2 = 6
정답   6

6) 정답
합   8 + 4 = 12
정답   12

7) 정답
합   8+ 4+ 2+ 1=15
정답   15

8) 정답
합   8 + 1 = 9
정답   9

9) 정답
합   8 = 8
정답   8

10) 정답
합   8 + 4 = 12
정답   12

11) 정답
합   4 = 4
정답   4

12) 정답
합   8 + 2 = 10
정답   10

13) 정답
합   4 + 1 = 5
정답   5

14) 정답
합   2 = 2
정답   2

15) 정답
합  4+ 2+ 1=7
정답  7

16) 정답
합  1 = 1
정답  1

17) 정답
합  8+ 4+ 2=14
정답  14

18) 정답
합  8+ 2+ 1=11
정답  11

19) 정답
합  4 + 1 = 5
정답  5

20) 정답
합  2 = 2
정답  2

21) 정답
합  8 + 2 = 10
정답  10

22) 정답
합  8 = 8
정답  8

23) 정답
합  8+ 2+ 1=11
정답  11

24) 정답
합  4 = 4
정답  4

25) 정답
합  8+ 4+ 1=13
정답  13

26) 정답
합  8+ 4+ 2=14
정답  14

27) 정답
합  2 + 1 = 3
정답  3

28) 정답
합  8 + 1 = 9
정답  9

29) 정답
합  8+ 4+ 2+ 1=15
정답  15

30) 정답
합  8 + 4 = 12
정답  12

31) 정답
합  4 + 1 = 5
정답  5

32) 정답
합  8 = 8
정답  8

33) 정답
합  4+ 2+ 1=7
정답  7

34) 정답
합  8+ 4+ 2=14
정답  14

35) 정답
합  8 + 2 = 10
정답  10

36) 정답
합  2 = 2
정답  2

37) 정답
합  8 + 1 = 9
정답  9

38) 정답
합  4 + 2 = 6
정답  6

2. 숫자를 숫자가 표시되지 않은 코드표 색칠하기

39) 정답
숫자 분할 정답
5 = 4 + 1

40) 정답
숫자 분할 정답
6 = 4 + 2

41) 정답
숫자 분할 정답
11 = 8 + 2 + 1

42) 정답
숫자 분할 정답
1 = 1

43) 정답
숫자 분할 정답
6 = 4 + 2

44) 정답
숫자 분할 정답
4 = 4

45) 정답
숫자 분할 정답
13 = 8 + 4 + 1

46) 정답
숫자 분할 정답
10 = 8 + 2

47) 정답
숫자 분할 정답
3 = 2 + 1

48) 정답
숫자 분할 정답
8 = 8

49) 정답
숫자 분할 정답
12 = 8 + 4

50) 정답
숫자 분할 정답
5 = 4 + 1

51) 정답
숫자 분할 정답
2 = 2

52) 정답
숫자 분할 정답
7 = 4 + 2 + 1

53) 정답
숫자 분할 정답
6 = 4 + 2

54) 정답
숫자 분할 정답
14 = 8 + 4 + 2

55) 정답
숫자 분할 정답
11 = 8 + 2 + 1

56) 정답
숫자
분할
정답

$1 = 1$

62) 정답
숫자
분할
정답

$10 = 8 + 2$

68) 정답
숫자
분할
정답

$7 = 4 + 2 + 1$

57) 정답
숫자
분할
정답

$15 = 8 + 4 + 2 + 1$

63) 정답
숫자
분할
정답

$2 = 2$

69) 정답
숫자
분할
정답

$2 = 2$

58) 정답
숫자
분할
정답

$9 = 8 + 1$

64) 정답
숫자
분할
정답

$7 = 4 + 2 + 1$

70) 정답
숫자
분할
정답

$13 = 8 + 4 + 1$

59) 정답
숫자
분할
정답

$14 = 8 + 4 + 2$

65) 정답
숫자
분할
정답

$10 = 8 + 2$

71) 정답
숫자
분할
정답

$4 = 4$

60) 정답
숫자
분할
정답

$13 = 8 + 4 + 1$

66) 정답
숫자
분할
정답

$6 = 4 + 2$

72) 정답
숫자
분할
정답

$3 = 2 + 1$

61) 정답
숫자
분할
정답

$4 = 4$

67) 정답
숫자
분할
정답

$11 = 8 + 2 + 1$

73) 정답
숫자
분할
정답

$8 = 8$

74) 정답

숫자 분할 정답  12 = 8 + 4

75) 정답

숫자 분할 정답  10 = 8 + 2

76) 정답

숫자 분할 정답  13 = 8 + 4 + 1

## chapter V.
## 코드표와 코드 상호 관계 확인하기

1. 코드표 보고 윤곽이 있는 코드로 나타내기

1) 정답
정답  1 1 0 1

2) 정답
정답  0 0 1 0

3) 정답
정답  0 1 0 1

4) 정답
정답  1 0 1 1

5) 정답
정답  0 1 0 0

6) 정답
정답  1 0 1 0

7) 정답
정답  1 1 1 0

8) 정답
정답  1 0 1 1

9) 정답
정답  1 0 0 0

10) 정답
정답  1 1 0 1

11) 정답
정답  1 1 0 0

12) 정답
정답  0 1 0 1

13) 정답
정답  1 0 0 1

14) 정답
정답  0 0 1 1

15) 정답
 정답 | 1 | 1 | 1 | 1 |

16) 정답
 정답 | 1 | 0 | 0 | 0 |

17) 정답
 정답 | 0 | 1 | 0 | 1 |

18) 정답
 정답 | 1 | 0 | 0 | 0 |

19) 정답
 정답 | 0 | 0 | 1 | 0 |

20) 정답
 정답 | 1 | 0 | 1 | 0 |

21) 정답
 정답 | 1 | 1 | 0 | 1 |

22) 정답
 정답 | 0 | 1 | 1 | 1 |

23) 정답
 정답 | 0 | 0 | 1 | 1 |

24) 정답
 정답 | 1 | 0 | 0 | 1 |

25) 정답
 정답 | 1 | 1 | 1 | 1 |

26) 정답
 정답 | 0 | 1 | 0 | 1 |

27) 정답
 정답 | 0 | 0 | 1 | 0 |

28) 정답
 정답 | 0 | 0 | 0 | 1 |

29) 정답
 정답 | 0 | 1 | 0 | 0 |

30) 정답
 정답 | 1 | 0 | 1 | 0 |

31) 정답
 정답 | 1 | 1 | 0 | 0 |

32) 정답
 정답 | 1 | 0 | 0 | 0 |

33) 정답
 정답 | 0 | 0 | 1 | 1 |

34)
 정답 | 1 | 1 | 0 | 1 |

35) 정답
 정답 | 1 | 1 | 1 | 1 |

36) 정답
 정답 | 0 | 1 | 0 | 1 |

37) 정답
 정답 | 1 | 1 | 0 | 1 |

38) 정답
 정답 | 0 | 1 | 0 | 0 |

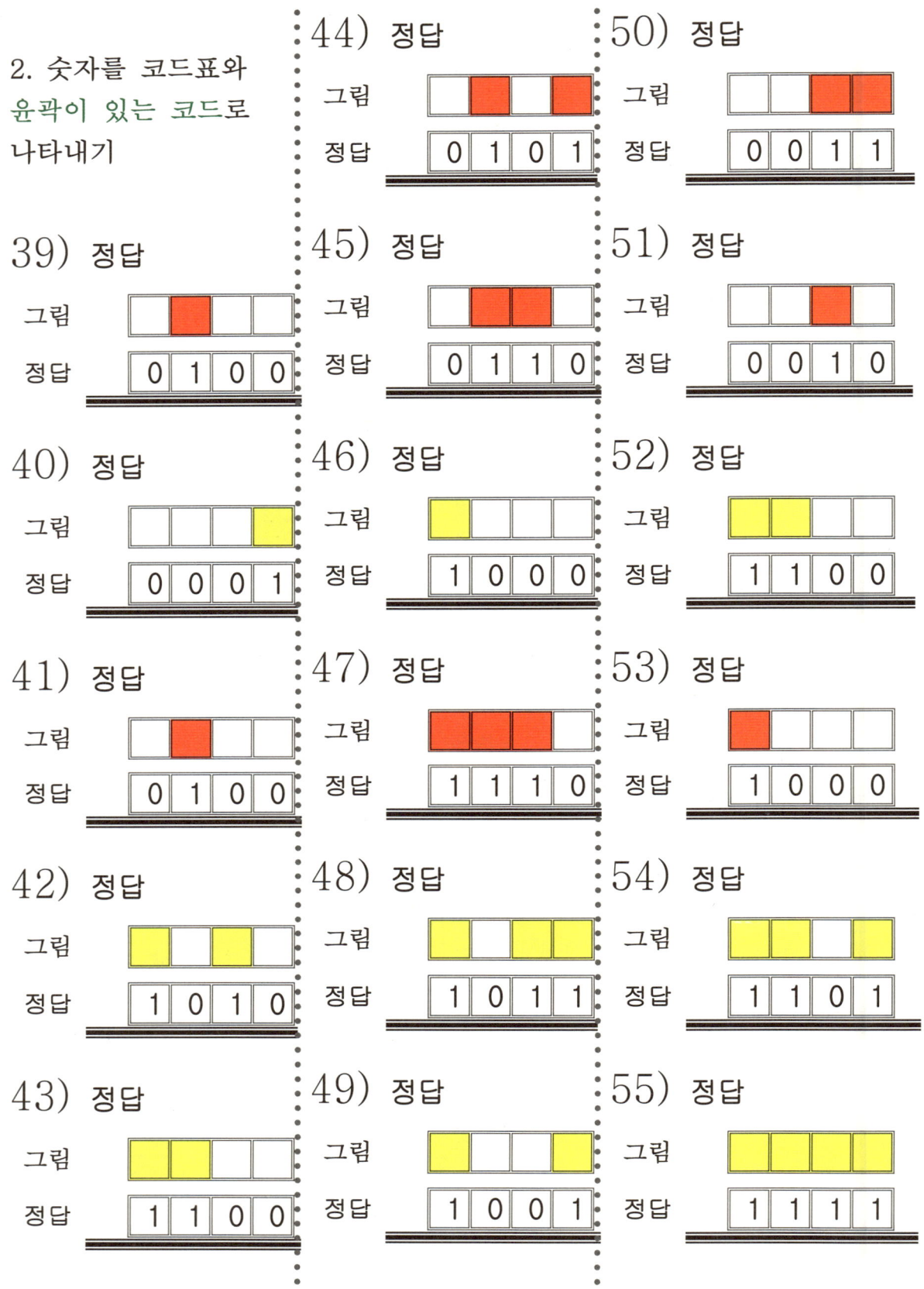

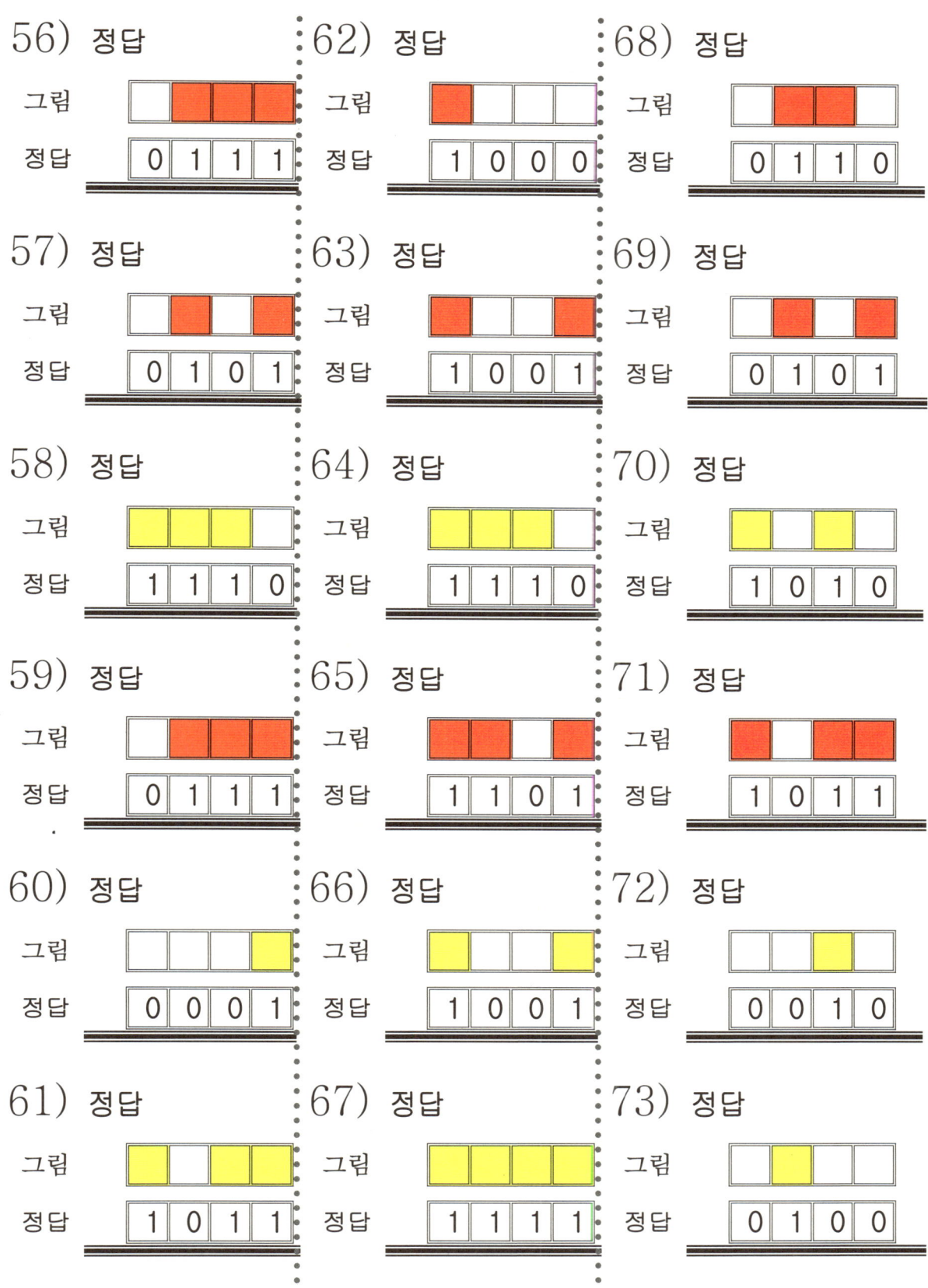

74) 정답
그림 [ ][■][■][■]
정답 0 1 1 1

75) 정답
그림 [■][■][■][■]
정답 1 1 1 1

76) 정답
그림 [■][■][ ][ ]
정답 1 1 0 0

3. 코드표 보고
윤곽이 없는 코드로
나타내기

1) 정답
정답 1 0 1 0

2) 정답
정답 0 0 1 1

3) 정답
정답 1 1 1 1

4) 정답
정답 0 1 1 0

5) 정답
정답 1 0 0 1

6) 정답
정답 0 1 0 0

7) 정답
정답 0 1 1 1

8) 정답
정답 1 1 0 1

9) 정답
정답 1 1 1 0

10) 정답
정답 1 0 1 0

11) 정답
정답 0 1 1 1

12) 정답
정답 1 0 0 1

13) 정답
정답 0 0 1 0

14) 정답
정답 0 1 0 0

15) 정답
정답 0 0 1 0

16) 정답
정답 1 1 0 0

17) 정답
정답 1 1 1 1

18) 정답
정답 1 0 0 0

19) 정답
정답 1 1 0 0

20) 정답
정답  1 1 1 0

21) 정답
정답  1 0 1 0

22) 정답
정답  0 0 0 1

23) 정답
정답  0 1 1 0

24) 정답
정답  0 0 0 1

25) 정답
정답  1 1 0 1

26) 정답
정답  1 0 1 1

27) 정답
정답  1 1 1 0

28) 정답
정답  1 0 0 0

29) 정답
정답  1 1 0 1

30) 정답
정답  0 1 1 1

31) 정답
정답  0 1 0 1

32) 정답
정답  1 0 1 1

33) 정답
정답  0 1 1 0

34) 정답
정답  0 0 1 0

35) 정답
정답  0 1 1 1

36) 정답
정답  1 1 1 1

37) 정답
정답  1 0 0 0

38) 정답
정답  1 1 0 0

4. 숫자를 코드표와 윤곽이 없는 코드로 나타내기

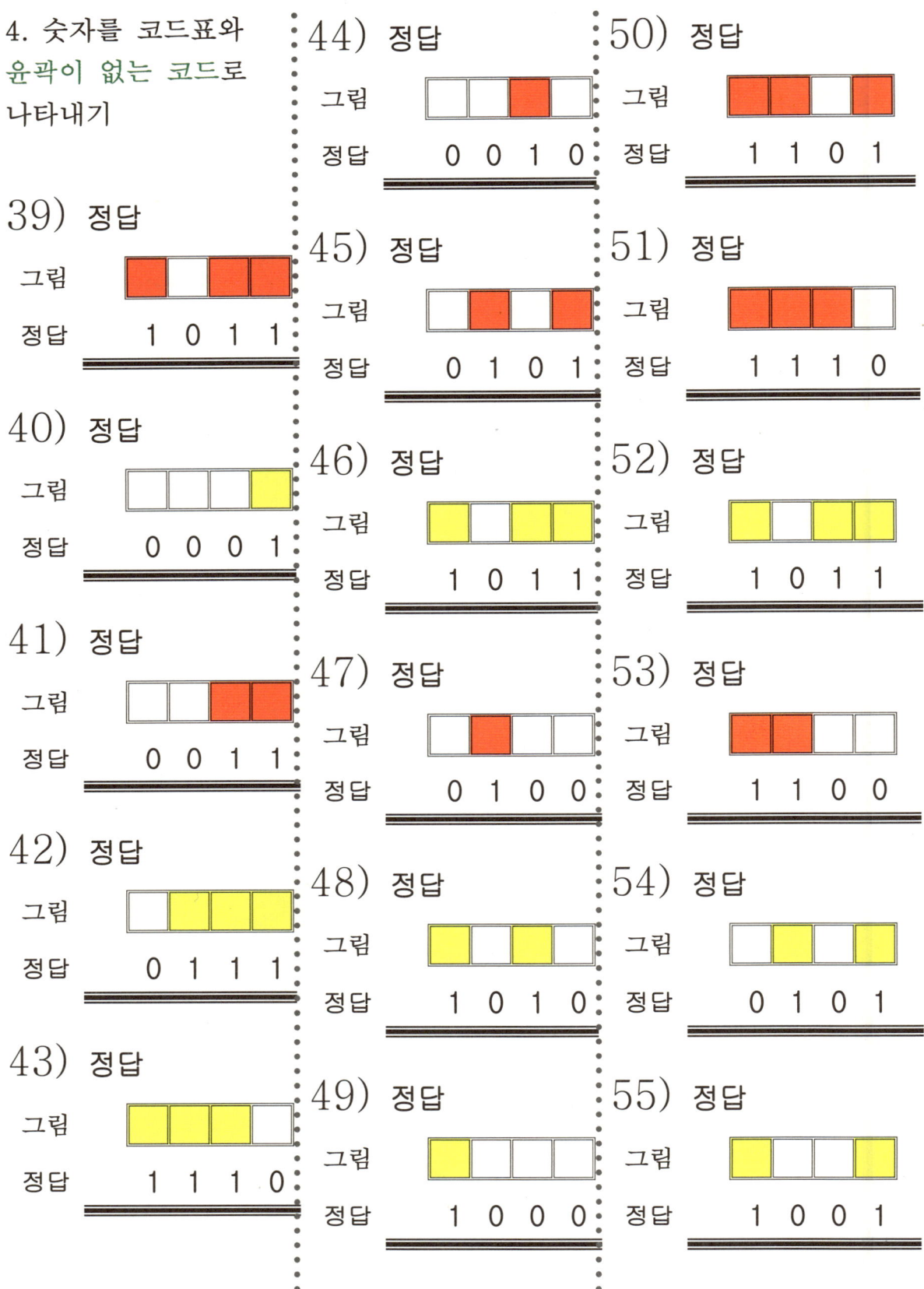

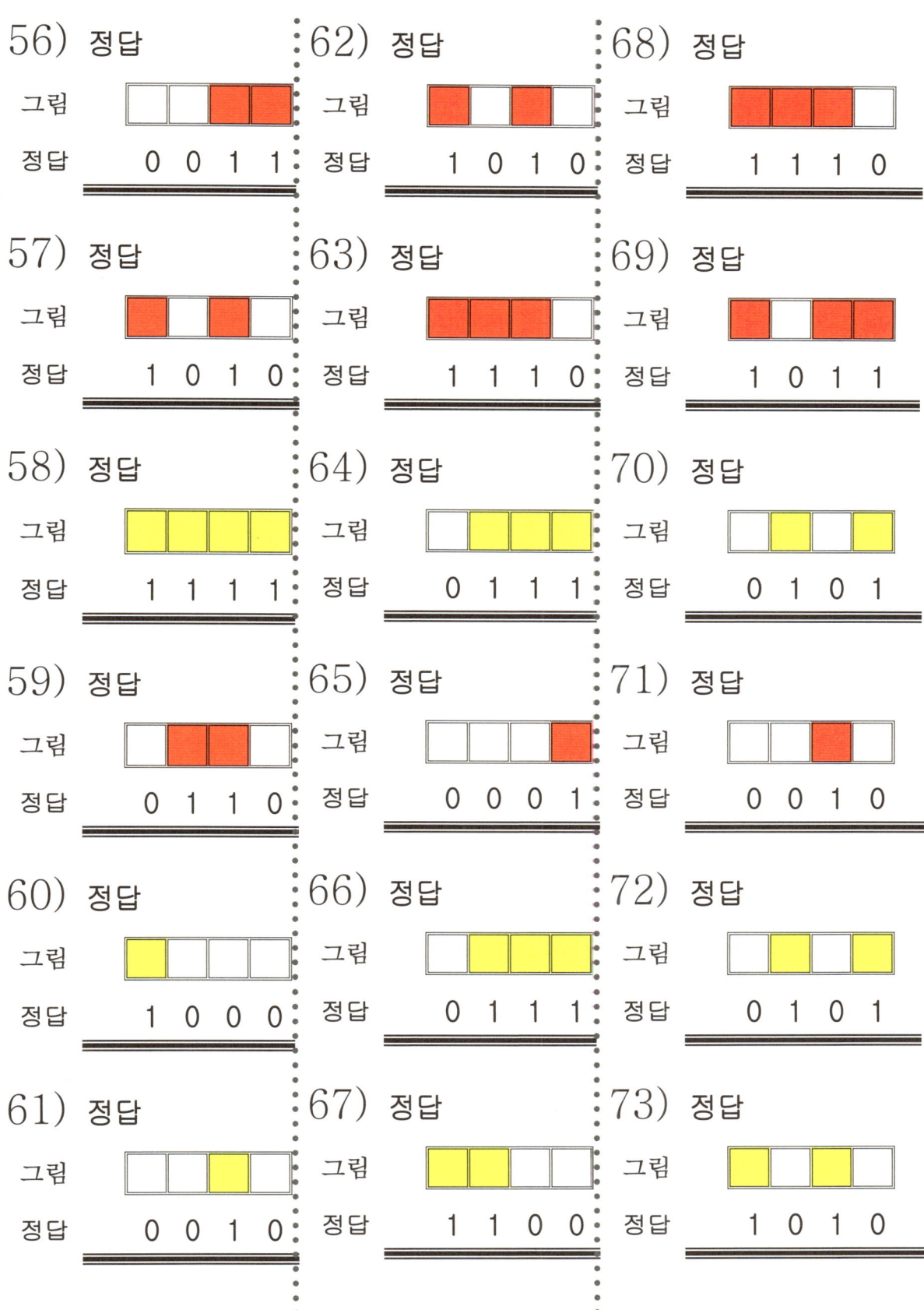

74) 정답

그림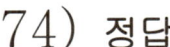

정답  0 1 0 0

75) 정답

그림

정답  1 0 0 0

76) 정답

그림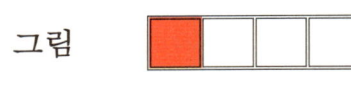

정답  1 0 0 1

# chapter VI.
## 이 진 코 드

1. 코드를 숫자로 표현하기

1) 정답

합  4+ 2+ 1=7
정답     7

2) 정답

합  8 = 8
정답    8

3) 정답

합  1 = 1
정답    1

4) 정답

합  2 + 1 = 3
정답      3

5) 정답

합  8 + 1 = 9
정답      9

6) 정답

합  4 + 2 = 6
정답      6

7) 정답

합  8+ 2+ 1=11
정답     11

8) 정답

합  8 + 4 = 12
정답      12

9) 정답

합  4 = 4
정답    4

10) 정답

합  8+ 4+ 2=14
정답     14

11) 정답

합  8+ 4+ 1=13
정답     13

12) 정답

합  4 + 1 = 5
정답      5

13) 정답

합  4+ 2+ 1=7
정답     7

14) 정답

합  8 + 2 = 10
정답      10

| | | |
|---|---|---|
| 15) 정답<br>합  2 = 2<br>정답  __2__ | 23) 정답<br>합  2 + 1 = 3<br>정답  __3__ | 31) 정답<br>합  4 + 2 = 6<br>정답  __6__ |
| 16) 정답<br>합  8+ 2+ 1=11<br>정답  __11__ | 24) 정답<br>합  8 + 2 = 10<br>정답  __10__ | 32) 정답<br>합  4 = 4<br>정답  __4__ |
| 17) 정답<br>합  4 + 2 = 6<br>정답  __6__ | 25) 정답<br>합  8 + 4 = 12<br>정답  __12__ | 33) 정답<br>합  8 + 1 = 9<br>정답  __9__ |
| 18) 정답<br>합  8 + 1 = 9<br>정답  __9__ | 26) 정답<br>합  4 + 1 = 5<br>정답  __5__ | 34) 정답<br>합  2 + 1 = 3<br>정답  __3__ |
| 19) 정답<br>합  8+ 4+ 2 + 1=15<br>정답  __15__ | 27) 정답<br>합  4+ 2+ 1=7<br>정답  __7__ | 35) 정답<br>합  8 + 2 = 10<br>정답  __10__ |
| 20) 정답<br>합  8 = 8<br>정답  __8__ | 28) 정답<br>합  8+ 4+ 2=14<br>정답  __14__ | 36) 정답<br>합  8 + 4 = 12<br>정답  __12__ |
| 21) 정답<br>합  8+ 4+ 1=13<br>정답  __13__ | 29) 정답<br>합  8+ 2+ 1=11<br>정답  __11__ | 37) 정답<br>합  2 = 2<br>정답  __2__ |
| 22) 정답<br>합  1 = 1<br>정답  __1__ | 30) 정답<br>합  8+ 4+ 2+ 1=15<br>정답  __15__ | 38) 정답<br>합  8 = 8<br>정답  __8__ |

## 2. 숫자를 코드로 표현하기

**39) 정답**
분할  3 = 2 + 1
정답  코드  0 0 1 1

**40) 정답**
분할  8 = 8
정답  코드  1 0 0 0

**41) 정답**
분할  14 = 8 + 4 + 2
정답  코드  1 1 1 0

**42) 정답**
분할  6 = 4 + 2
정답  코드  0 1 1 0

**43) 정답**
분할  1 = 1
정답  코드  0 0 0 1

**44) 정답**
분할  11 = 8 + 2 + 1
정답  코드  1 0 1 1

**45) 정답**
분할  15 = 8 + 4 + 2 + 1
정답  코드  1 1 1 1

**46) 정답**
분할  9 = 8 + 1
정답  코드  1 0 0 1

**47) 정답**
분할  13 = 8 + 4 + 1
정답  코드  1 1 0 1

**48) 정답**
분할  14 = 8 + 4 + 2
정답  코드  1 1 1 0

**49) 정답**
분할  2 = 2
정답  코드  0 0 1 0

**50) 정답**
분할  7 = 4 + 2 + 1
정답  코드  0 1 1 1

**51) 정답**
분할  10 = 8 + 2
정답  코드  1 0 1 0

**52) 정답**
분할  4 = 4
정답  코드  0 1 0 0

**53) 정답**
분할  10 = 8 + 2
정답  코드  1 0 1 0

**54) 정답**
분할  13 = 8 + 4 + 1
정답  코드  1 1 0 1

**55) 정답**
분할  3 = 2 + 1
정답  코드  0 0 1 1

56) 정답
분할  12 = 8 + 4
정답  코드  1 1 0 0

57) 정답
분할  6 = 4 + 2
정답  코드  0 1 1 0

58) 정답
분할  5 = 4 + 1
정답  코드  0 1 0 1

59) 정답
분할  1 = 1
정답  코드  0 0 0 1

60) 정답
분할  7 = 4 + 2 + 1
정답  코드  0 1 1 1

61) 정답
분할  11 = 8 + 2 + 1
정답  코드  1 0 1 1

62) 정답
분할  9 = 8 + 1
정답  코드  1 0 0 1

63) 정답
분할  15 = 8 + 4 + 2 + 1
정답  코드  1 1 1 1

64) 정답
분할  2 = 2
정답  코드  0 0 1 0

65) 정답
분할  4 = 4
정답  코드  0 1 0 0

66) 정답
분할  3 = 2 + 1
정답  코드  0 0 1 1

67) 정답
분할  8 = 8
정답  코드  1 0 0 0

68) 정답
분할  13 = 8 + 4 + 1
정답  코드  1 1 0 1

69) 정답
분할  10 = 8 + 2
정답  코드  1 0 1 0

70) 정답
분할  12 = 8 + 4
정답  코드  1 1 0 0

71) 정답
분할  6 = 4 + 2
정답  코드  0 1 1 0

72) 정답
분할  5 = 4 + 1
정답  코드  0 1 0 1

73) 정답
분할  7 = 4 + 2 + 1
정답  코드  0 1 1 1

74) 정답

　분할　15=8+4+2+1

　정답　코드　1 1 1 1

75) 정답

　분할　14=8+4+2

　정답　코드　1 1 1 0

76) 정답

　분할　9 = 8 + 1

　정답　코드　1 0 0 1

3. 그림의 개수를 세어 십진법 숫자와 코드로 표현하기

1) 정답

　정답　숫자 1

　정답　코드　0 0 0 1

2) 정답

　정답　숫자 5

　정답　코드　0 1 0 1

3) 정답

　정답　숫자 12

　정답　코드　1 1 0 0

4) 정답

　정답　숫자 13

　정답　코드　1 1 0 1

5) 정답

　정답　숫자 8

　정답　코드　1 0 0 0

6) 정답

　정답　숫자 6

　정답　코드　0 1 1 0

7) 정답

　정답　숫자 11

　정답　코드　1 0 1 1

8) 정답

　정답　숫자 9

　정답　코드　1 0 0 1

9) 정답

　정답　숫자 4

　정답　코드　0 1 0 0

10) 정답

　정답　숫자 9

　정답　코드　1 0 0 1

11) 정답

　정답　숫자 14

　정답　코드　1 1 1 0

12) 정답

　정답　숫자 15

　정답　코드　1 1 1 1

13) 정답

　정답　숫자 6

　정답　코드　0 1 1 0

14) 정답

　정답　숫자 7

　정답　코드　0 1 1 1

15) 정답
  정답 숫자 15
  정답 코드 1 1 1 1

16) 정답
  정답 숫자 11
  정답 코드 1 0 1 1

17) 정답
  정답 숫자 5
  정답 코드 0 1 0 1

18) 정답
  정답 숫자 10
  정답 코드 1 0 1 0

19) 정답
  정답 숫자 9
  정답 코드 1 0 0 1

20) 정답
  정답 숫자 2
  정답 코드 0 0 1 0

21) 정답
  정답 숫자 4
  정답 코드 0 1 0 0

22) 정답
  정답 숫자 3
  정답 코드 0 0 1 1

23) 정답
  정답 숫자 14
  정답 코드 1 1 1 0

24) 정답
  정답 숫자 13
  정답 코드 1 1 0 1

25) 정답
  정답 숫자 1
  정답 코드 0 0 0 1

26) 정답
  정답 숫자 8
  정답 코드 1 0 0 0

27) 정답
  정답 숫자 12
  정답 코드 1 1 0 0

28) 정답
  정답 숫자 15
  정답 코드 1 1 1 1

29) 정답
  정답 숫자 13
  정답 코드 1 1 0 1

30) 정답
  정답 숫자 7
  정답 코드 0 1 1 1

31) 정답
  정답 숫자 11
  정답 코드 1 0 1 1

32) 정답
  정답 숫자 9
  정답 코드 1 0 0 1

4. 그림의 개수를 세어 코드로 표현하기

33) 정답 코드 0 0 1 1

34) 정답 코드 0 1 1 1

35) 정답 코드 0 0 1 0

36) 정답 코드 1 0 1 0

37) 정답 코드 0 0 0 1

38) 정답 코드 0 1 0 1

39) 정답 코드 1 1 0 0

40) 정답 코드 1 1 0 1

41) 정답 코드 1 0 0 0

42) 정답 코드 0 1 1 0

43) 정답 코드 1 0 1 1

44) 정답 코드 1 0 0 1

45) 정답 코드 0 0 0 1

46) 정답 코드 1 0 0 0

47) 정답 코드 1 1 0 0

48) 정답 코드 1 1 1 1

49) 정답 코드 0 1 0 1

50) 정답 코드 1 0 1 0

51) 정답 코드 1 0 0 1

52) 정답 코드 0 0 1 0

53) 정답 코드 0 1 1 0

54) 정답 코드 0 1 1 1

55) 정답 코드 1 1 1 1

56) 정답 코드 1 0 1 1

57) 정답 코드 1 1 0 1

58) 정답 코드 0 1 1 1

59) 정답 코드 1 0 1 1

60) 정답 코드 1 0 0 1

61) 정답 코드 0 1 0 0

62) 정답 코드 0 0 1 1

63) 정답 코드 1 1 1 0

64) 정답 코드 1 1 0 1